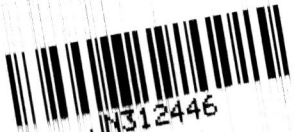

ゼロから教えて

ビジネスマナー

一番わかりやすい本を
書きました!

ビジネスマナー講師
松本昌子 著
Atsuko Matsumoto

かんき出版

はじめに

「なぜビジネスマナーを身につける必要があるのでしょうか？」

こんな質問をされたら、あなたならどう答えますか？

これから社会人として働く方、自己流の方、また、「今さら人に聞けないわ！」と思っている社会人の方。この本を手にとってくださったみなさんにぜひ知っておいていただきたいのは、ビジネスマナーは、何よりも自分自身をサポートしてくれる強力な「武器」になるということです。

ビジネスの場面では、さまざまな立場や考え方の人と接します。その際に、ビジネスマナーが身についていれば、「きちんとしている人だ」と相手からの信頼を得ることができます。

信頼されれば、まわりにあなたを応援してくれる人が増え、さらなる「ビジネスチャンス」をつかめるようになるのです。

また、マナーを身につけることで、自分の気持ちをうまく表現できるようになり、職場のコミュニケーションも円滑になります。

そもそも、マナーとは、相手に対する「思いやりの心（＝愛）」

を表現するもの。ただ身につければよいというものではありません。

たとえば、どんなに丁寧な言葉づかいでも、失礼な態度で対応していると、相手に不快感を与えてしまいます。

反対に、決してきちんとした話し方ではなくても、一生懸命に対応すれば、相手に自分の思いが伝わることもあるのです。

前者と後者の違いは何でしょうか？

それは、相手に対する「思いやりの心（＝愛）」があるかどうかの違いです。

単なるスキルのひとつとして、形だけのビジネスマナーをマスターしても、そこに相手に対する「思いやりの心（＝愛）」がなければ無駄なものになってしまうのです。

本書は、「ビジネスマナーなんて面倒くさい」「難しい」…など、苦手意識をもっている方にも気軽に読んでいただけるよう、イラストを豊富に使ってわかりやすく解説しました。「あれっ？こんなときどうすればいいんだっけ？」と迷ったとき、ぜひ繰り返しページを開いてみてください。

マナーを身につけたあなたの次のステップとして、エピローグでは、ドリームマップ普及協会のオリジナルプログラムであるドリームマップを紹介しています。ドリームマップは、目標（夢）を明確にすることで、目標達成を手助けする考え方のツールです。なりたい自分になるために、そしてワンランク上の社会人として活躍するために、ぜひ実践してみてください。

最後に、この本の出版にあたり、さまざまなアドバイスをいただきましたエムズコミュニケーション・大部美知子氏、そして、担当編集者の星野友絵氏に、この場を借りて御礼申し上げます。

2008年９月　　　松本　昌子

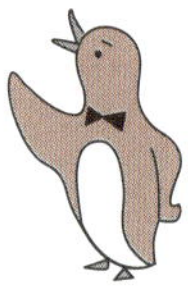

PART 1　仕事のルール&基本を身につけよう

PART 4　電話応対を完璧にしよう

PART 5　ビジネス文書・電子メールを正しく作成しよう

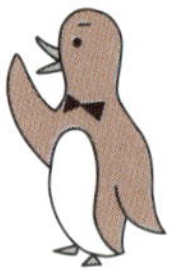

PART 6 冠婚葬祭のマナーを身につけよう

エピローグ

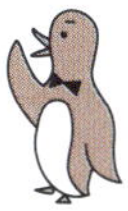

カバーデザイン◆重原隆
イラスト・本文デザイン◆石山沙蘭

プロローグ

会社で働く意味を考えよう

1．学生と社会人「7つの違い」
2．作業と仕事の違いを知ろう
3．社会人に必要な「5つの意識」
4．職場での1日～出勤から退社まで～
5．個人情報・企業の内部情報に気をつけよう!

1 学生と社会人「7つの違い」

あなたは何のために働きますか？　お金のため？　生活のため？　それとも、自己実現のためでしょうか？

会社に入って働くということは、その会社の看板を背負って働くということです。これはどういうことを意味しているのでしょうか？

また、社会人になったら何が変わるのでしょうか？

学生と社会人との違い、作業と仕事の違い、社会人に必要な意識などを順に考えてみましょう。

学生と社会人「7つの違い」

	学生	社会人
1 目的	 ●学ぶ･知識を得る（受動的） ●集団行動･友人をつくる･卒業をする	 ●仕事をする（能動的） ●今までの（知識）を実際に活用する ●給料をもらう
2 目的を達成するための手段	 ●自ら学ぶ ●授業を受ける･教えてもらう	 ●チームで仕事をする

	学生	社会人
3 時間のとらえ方	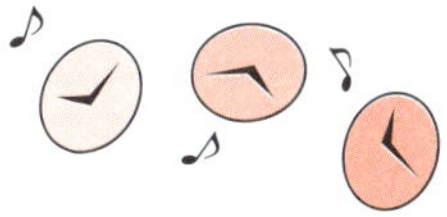 ●自由時間が長い ●時間割で決められて自分が休んでもまわりに影響が少ない	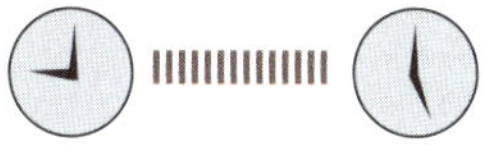 ●拘束時間が長い ●休むと周囲（チーム）に迷惑がかかる
4 人間関係	 ●年齢幅がせまく同世代が多い ●自分の好みで選べる ●横の人間関係	 ●チームで仕事をする ●縦の人間関係 ●年齢幅が広い
5 責任	 ●自己責任だが、ミスをしても自分以外に迷惑がかかることが少ない	 ●個人のミスも会社の責任 ●ミスをするとチームに迷惑がかかる
6 評価基準	 ●テスト（教えられた知識の習得の度合い） ●学期単位赤点でなければ合格	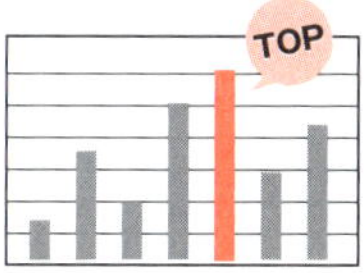 ●日常の仕事 ●結果が重視
7 評価者	 ●教師	 ●お客様 ●上司・先輩

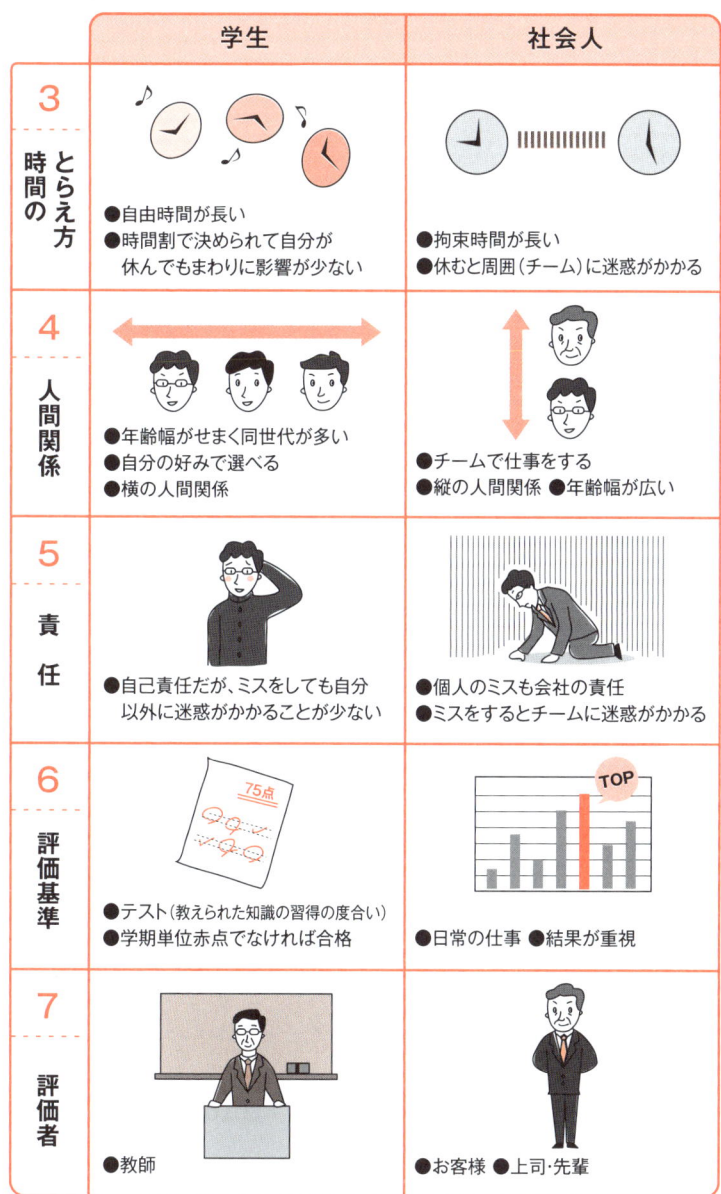

2 作業と仕事の違いを知ろう

アルバイトと社会人の評価の違いは、作業と仕事の違いです。作業は決められたことをこなし、時給分の働きをするということです。しかし、仕事は、作業に「プラスα」を加える必要があります。「プラスα」とは、その人なりの工夫です。教えてもらった仕事に対して、「どうしたらもっと早くできるだろうか」「確実に仕上げるにはどうすればよいか」といった、その人独自の「プラスα」が求められるのです。その工夫をすることが本人のやりがいにもなり、また周囲からの評価にもつながるのです。

作業
＝
決められたことを
時給分こなすこと
アルバイト

仕事
＝
作業プラスαの
働きをすること
社会人

あなたは作業をする人？　仕事をする人？

あるところに、３人のパン職人がいました。

「あなたの仕事は何ですか？」と尋ねると、ひとり目の職人は「パンをこねるのが仕事です。重労働だし、朝は早いし、とてもツラい仕事です」と答えました。２人目の職人は、「お客様が買いにくるパンをこねています。300個つくるように言われていますから」と答えました。３人目の職人は「お客様に大人気のパンの生地をこねているんです。一生懸命こねると、ふわっと仕上がって、とてもおいしいってお客様からも喜ばれるんです」と笑顔で答えました。

あなたなら、どの職人を目指しますか？

言うまでもなく、「仕事をする人」とは、三番目の職人のことです。その仕事を何のために行うのかをきちんと理解し、「そのために自分ができることは何だろう？」という視点を忘れないことが大切です。

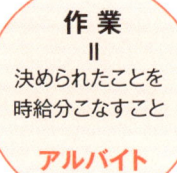

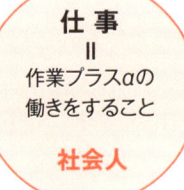

人財になろう

会社にとって働く人々は財産です。お給料以上の仕事をし、会社にプラスをもたらす人のことを「人財」といいます。一方、お給料分の仕事しかしない人のことを「人材」といい、アルバイトと何ら変わりありません。「人財」と呼ばれる人になるには、その人にしかできない仕事ができ、職場でなくてはならない存在になれるかどうかです。「君がいなくては困るよ」といわれる人財となることを目指しましょう。

人 財	作業+α(プラスアルファ)の働きをする人 (時給800円の場合、800円をもらって、それ以上の仕事をする人)
人 材	作業をする人 (800円をもらって、800円分の仕事をする人)
人 罪	作業をさぼる人 (800円をもらって、それ以下の仕事しかしない人)

仕事は成長の場・自己実現の場

わたしたちは、ウィークデーの大半の時間を仕事のために使います。かけがえのない時間を使う「仕事」を「生活のため」・「お金のため」と考えるより、「自分自身の成長の場」と考えたり、「自分の能力を発揮する場」、「自己表現の場」と考えることが、豊かで充実した生活を送ることにつながるのではないでしょうか。

3 社会人に必要な「5つの意識」

ビジネスパーソンとして働くには、5つの意識を常にもっておく必要があります。

5つの意識

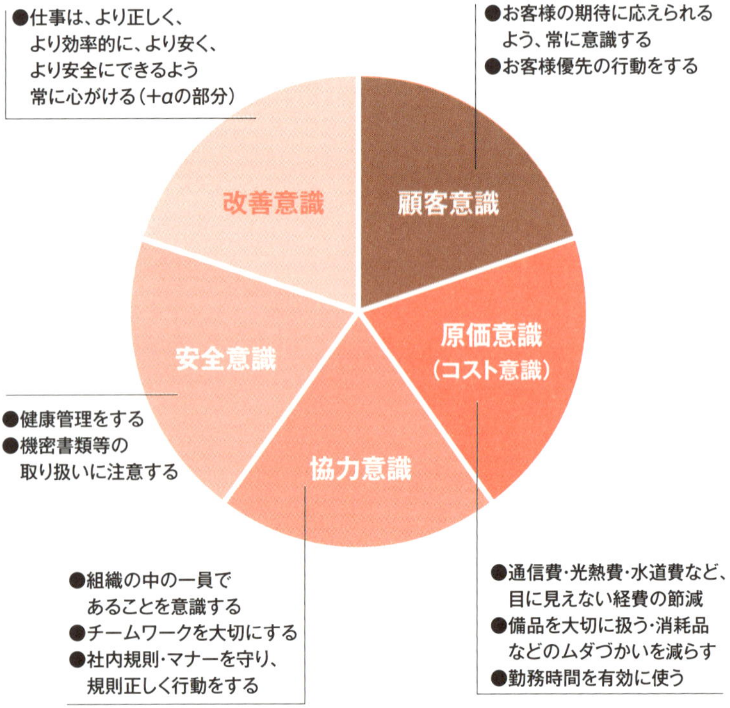

お客様第一主義

=

“会社”が主役

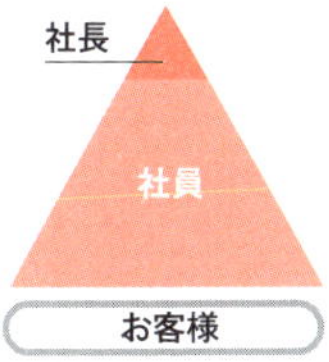

お客様第一主義とは、「お客様は神様です」という言葉に代表されるように、お客様を大切にするという考え方で、江戸時代からの日本の商人の経営哲学でした。お客様に喜んでいただけるような応対（笑顔や言葉遣い）や商品の開発などを目指し、“サービスを提供する側がリーダーシップをとる”考え方です。

CS

=

“お客様”が主役

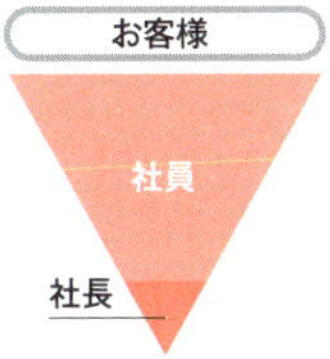

CSとは、「Customer Satisfaction」の略称で、“お客様”が満足するという意味があり、1980年代に米国で生まれた概念です。よい商品・サービスかどうかは“お客様が”決めるという考え方をいいます。たとえ会社がよい商品・サービスを開発しても、お客様が評価しなければ、それは「よいものではない」のです。

2つの違い

お客様がよい悪いを判断するのは現場です。「お客様第一主義」では、上層部が考えたサービス・商品を一方的に現場に伝えていたのですが、CSはお客様の意見を現場がすくいあげ、そこから商品やサービスを開発していきます。現在の日本の企業では、CSの考え方が主流になってきています。

4 職場での1日～出勤から退社まで～

職場には知識、経験、年齢など異なったさまざまな人が集まっています。

あなたがそういう人たちと協力し合って、目標を達成していくには、あなた自身がまず規律を守り、社会人として、けじめある態度で仕事に臨むことが大切です。

職場での1日をシミュレーションしてみましょう。

出勤時

1

●身だしなみを整える
●定刻に仕事がはじめられるよう、余裕をもって出勤

2

●会社に着いたら明るくあいさつ

就業時

3

●公私の区別をはっきりする
●離席するときは、行き先・所要時間・戻る時間を告げておく

4

●大声・笑い声・私語はつつしむ
●身のまわりの整理・整頓を心がける

休憩時

5 ●時間を守る

6 ●悪口や機密情報を漏らすなど、外出先での仕事の話題はつつしむ

退社時

7 ●机をきれいにし、使った資料などは元に戻しておく
●その日の業務を振り返り、翌日のスケジュールを立てておく

8 ●上司･先輩や同僚に「お先に失礼します」とあいさつをして退社

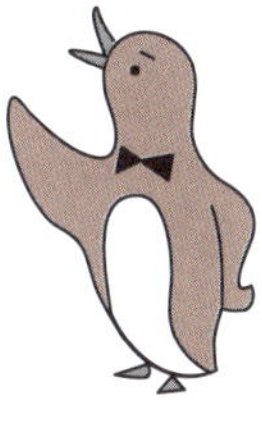

5 個人情報・企業の内部情報に気をつけよう!

個人情報や、企業の内部情報は、いまや会社員として責任をもって守秘管理しなければならない事柄です。ちょっとした不注意によってどのようなことが起こるのか、知っておきましょう。

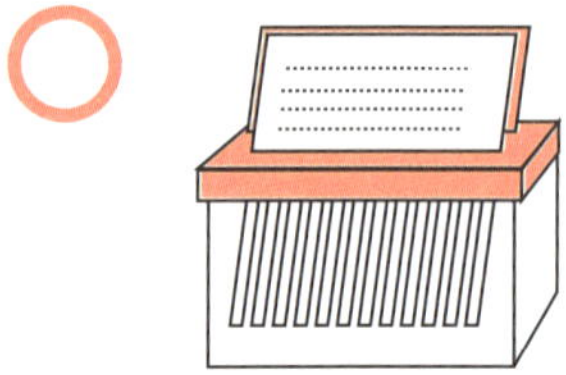

処分を頼まれたら、かならず処分後に報告をしよう。
また、大切な書類はシュレッダーをかける習慣をつけよう。

不要になった企画提案書を、シュレッダーにかけずにそのままゴミ箱に捨てる。

こうなってしまう…
処分されていない提案書が社内の人間や掃除の業者などからもれて、信用を失う可能性がある

人目につくところでは、ディスプレイを表示したままにしない。またスクロールするか、最小化しておこう。

お客様からいただいた機密文書をパソコンの画面に表示させたまま席をはずす。

こうなってしまう…
社内に出入りしている業者の方から、お客様の情報がもれる可能性がある

○

仕事で知り得た情報は、たとえ家族にでも気軽に話をしないようにしよう。

×

新製品の開発に携わっている社員が、製品の内容について家族に話す。

こうなってしまう…

・故意にではなく、
家族が他人に話す可能性がある
・他社に新製品の情報が
もれてしまい、価値が下がる

○

データ等、大切な情報は社外に持ち出さないようにしよう。

×

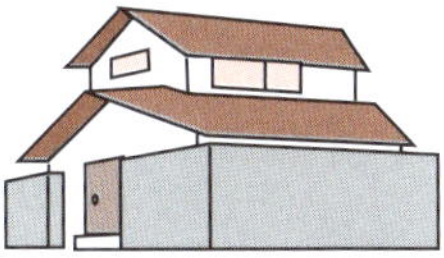

仕事が間に合わないので、顧客情報が入ったデータを自宅に持ち帰って作業する。

こうなってしまう…

・データを紛失する可能性あり
・データを持ち帰ることにより、
社内の人に疑われる可能性あり

大きな問題にならなくても、
情報管理が甘い会社だと
思われてしまうので、
しっかり意識しよう

仕事の基本Q&A14

社会人としての意識が問われる仕事の基本14項目をピックアップしました。いざというときにすぐ動けると、周囲からの信頼感が高くなります。

Q1.

やむを得ない理由で遅刻するとき、休むとき

→始業時刻前に、かならず自分で電話を入れる

同僚ではなく
直属の上司につないでもらおう

Q2.

すぐに戻るつもりで離席をするとき

→行き先、戻り時間を告げる

トイレなどすぐ戻る場合は
知らせなくてOK

Q3.

翌日、休暇や出張の場合、周囲に迷惑がかからないようにするには?

→不在にすることを周囲に伝えておく

やりかけの仕事を報告しておくと、
いざというときにまわりが対応しやすい

Q4.

約束の時間や期限に間に合わないとき

→わかった時点で早めに連絡し、どの程度遅れるかも伝える

時間は、5分遅れそうな場合でも
「10分遅れます」と少し余裕をもって
伝えたほうが安心

Q5.

就業時間中に自分の携帯電話が鳴ったとき

→通話をするときは、席から離れる

会社から支給されている
携帯TELはOK

Q6. 会社に友人から電話があったとき

→基本的に、仕事中の私用電話はしない

休憩中にかけ直すことを伝える

Q7. 就業時間中に私用メールを打ちたくなったとき

→仕事中の私用メールは厳禁

Q8. 自分のミスでお客様が怒っているとき

→まず謝る、すぐに上司に状況を報告し、上司の判断を仰ぐ

お客様の言葉をさえぎって言い訳するのは逆効果!
信頼を失ってしまうので注意

Q9. 会社のコピー、電話、FAXを私用で使いたいとき

→原則としては禁止　緊急時は上司に許可を得る

Q10. 会社の備品を破損したとき

→きちんと報告し、謝罪する

Q11. お客様や会社の悪口を友人に話したくなったとき

→誰が見ている·聞いているかわからないので、悪口は言わない

Q12. 計画通りに仕事が進まないとき

→上司（依頼者）に報告し、指示を仰ぐ

報告·相談が遅くなればなるほど問題が大きくなるので、
早めの報告を心がけよう

Q13. 不要な企画提案書の処理をするとき

→かならずシュレッダーにかける

会社の情報を守る義務が
あることを忘れずに

Q14. 交流会参加者に名簿を配るとき

→掲載許可をいただいた参加者の情報のみ載せる
個人情報に関する一文を入れておく

column

遅刻しそうになったら…

電車に飛び乗ればギリギリ間に合うか、2～3分の遅刻で会社に到着できるという状況の場合、あなたならどうしますか？　社会人としての正解は、「とにかく会社に電話連絡を入れる」です。

なぜでしょうか？　それは「相手に迷惑をかけないため」です。学生なら、2～3分程度遅れるぐらい大丈夫だろう、と思ってしまいがちですが、社会人はそうはいきません。

たとえば、始業時間ぴったりにお客様から電話が入るかもしれない。上司が急ぎの仕事をあなたに頼みたいかもしれない。そのとき困るのは、お客様や職場の上司・同僚です。

ですから、たとえ2～3分だとしても、あなたが遅れるということを、事前に相手（仕事で関わる人々）に知らせておくほうがよいのです。

さらに、社会人のマナーとして、教えてもらうという立場の新入社員のみなさんは、上司・先輩よりも早く出勤するという心がけも大切です。

社会人には、自分よりも
「相手のこと」を考える意識が必要なのです。

column

PART 1

仕事のルール&基本を身につけよう

1 社会人は第一印象が勝負

第一印象は３秒ほどで決まるといわれています（諸説あり）。人は、この短時間で「今後、一緒に仕事をしていくうえで信頼できる人かどうか」を判断するのです。

ですから、第一印象で信頼を得ると、その後のコミュニケーションも良好になり、仕事もすすめやすくなります。当然、結果も出てくるので評価も高くなります。

逆に、最初にマイナスのイメージを与えてしまうと、そのイメージがいつまでも残ってしまうのです。そうすると、コミュニケーションをうまくとることができず、結果的に仕事での成果もあげにくくなります。つまり、第一印象の小さな差が、大きな差につながってしまうのです。

よい第一印象をもってもらうことが、大切だと思いませんか？

第一印象をよくする秘訣

①服装・身だしなみ

清潔感を与える服装

②明るい表情・笑顔

鏡などで、自分の笑顔や表情をチェックする

口角を上げると効果的

③正しい姿勢

正しい姿勢と、お辞儀ができる

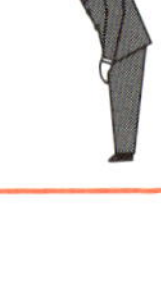

メラビアンの法則

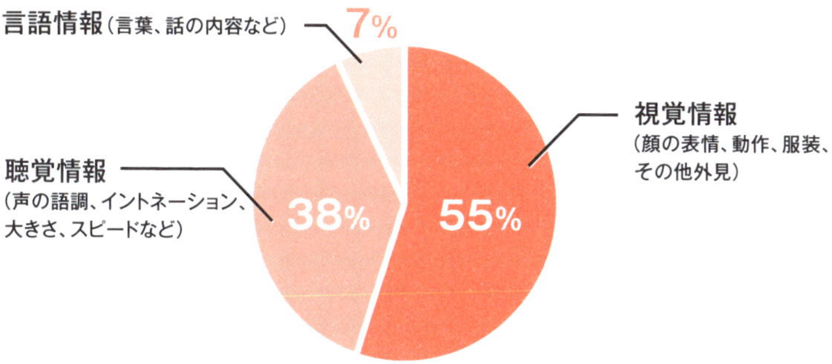

アメリカの心理学者アルバート・メラビアンが提唱した「メラビアンの法則」では、喜怒哀楽を表現するとき、聞き手は、話し手の表情などの視覚情報からもっとも大きな印象を受け取るといわれています。たとえば、「ありがとう」と言われても、その人が浮かない顔をしていたら、相手は「あれ？」と思い、耳から入ってくる言葉の情報よりも、目から入ってくる表情を重視するということです。「ありがとう」「お疲れ様でした」「申し訳ございませんでした」といった言葉は、表情がともなわないと相手に伝わらないのです。

表情によって、印象は違う!

2 身だしなみを整えよう

ビジネスでは初対面の人と接する機会も多くあります。相手の人をよく知らない場合は、まず身だしなみで人柄まで判断されるものです。いろいろな世代の人や価値観の違う人からも好感を持っていただけるように、身だしなみの基本を確認しましょう。

おしゃれと身だしなみの違いとは?

→おしゃれは自分のため。身だしなみは他人のため

仕事では、おしゃれより身だしなみを優先します。よい悪いを判断するのは、あなたではなくお客様だからです。新入社員であっても会社の代表として仕事をするわけですから、少しでも相手に「あれ?」と思われてしまうと「会社の」イメージダウンにつながってしまうのです。「お客様がその服装を見てどう思うか?」をいつも問いかけながら、鏡の前でチェックしてくださいね。

身だしなみの基本

① 清潔感

他人から見て清潔だと
感じられることが大切

② 活動しやすい

仕事のしやすい服装を心がける

③ TPOを配慮する

時・場所・場合に応じて、
服装、髪型などを使い分ける

男性のスーツスタイル

ベーシックなスーツを選び、清潔感を重視した身だしなみを心がけましょう。

ジャケット
新入社員は3つボタンのシングルスーツを。色は落ち着いた色、素材は上質なものを選ぶ。シミ、シワ、汚れなどがないか確認

シャツ
基本は白の無地。色柄は派手すぎないものを選ぶ。襟と袖が汚れていないかは、かならずチェック

ベルト
シンプルで目立たないものを選ぶ。ブランドの柄やロゴが目立つものは避ける

靴下
靴下は、座ったときなど、何かと目に入りやすい。白はスーツに合わないので×。スーツや靴の色に不自然でない黒や紺などの暗めの色を選ぶ

ネクタイ
スーツやシャツとの色あわせがあまりに派手なものはNG。小さめの柄が無難

袖口
上着の袖からワイシャツが1センチほど見えるくらいがよい。袖の汚れは意外と目立つので注意

ズボン
靴の上でだぶつかない長さがベスト。折り目が入っているかもしっかり確認

靴
スーツに合わせた色を選ぶ。磨いてあるか、かかとはすり減っていないかもチェック

服装 これはNG

- 明るすぎるカラーリング
- 派手なネクタイ
- 汚れた靴
- 無精ひげ
- サイズの大きいスーツ
- 長い爪

基本のヘアスタイル

FRONT

SIDE

前髪は自然に落として目にかからない長さが◎。うしろは正面を向いたときに襟足が見えない程度に。サイドは耳が出るくらいの長さがちょうどよい。

ワンランク上のアドバイス

Vゾーンとボタンに注意

男性の身だしなみでとくに気をつけたいのは、ワイシャツのVゾーンです。第1ボタンを留め、指1本入るくらいのワイシャツを選びましょう。3つボタンスーツは、上2つのボタンをかならず留める。座っているときははずしても、立ったときには、まずボタンを留めるようにしましょう。

女性のスーツスタイル

スーツ

制服

ジャケット
体のラインが強調されるものは避け、色は紺・黒・グレー・ベージュなど、地味な色を選ぶ

インナー
胸元が深く開いたインナーや派手なものは控える。シャツ・ブラウスは、ボタンのはずしすぎに注意

制服
襟や袖口は汚れていないか、シミやシワはないかをしっかりチェック

シャツ・ブラウス
白や淡い色のものを選ぶ

ネームプレート
名前の見える位置にきれいについているか確認

ネイル
長すぎる爪や、派手なネイルアートは×。ネイルは淡いピンクやベージュにとどめる

スカート
丈は膝が隠れるぐらいが基本。ミニスカートや露出の多いものは避ける

スカート
折り目はきれいか、糸のほつれなどがないか確認

ストッキング
肌になじむ色のものを選ぶ。カラータイツやハイソックスはNG。伝線してもすぐ履き替えられるよう、替えを常備しておく

靴
サンダルやミュールは足音が気になるため、職場では避ける
（バックストラップの靴も、会社によってはNG）

基本のヘアスタイル

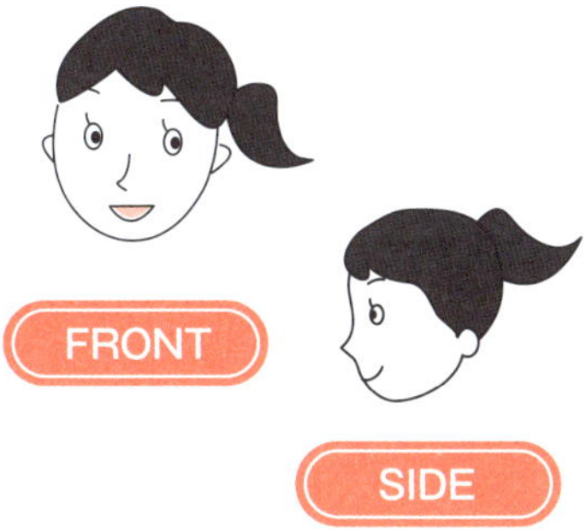

お辞儀をして顔を上げたとき、髪を振ったり手で整えなくてはならない髪型は要注意。髪に手を触れるという行為は、不潔感を与えるからです。また、顔が隠れていると、せっかくの笑顔も見えません。長い髪はひとつにまとめ、顔が隠れるときはピンで留めましょう。

客室乗務員が髪をまとめ上げにし、前髪をキチッと揃えているのは、どの角度から見ても笑顔が伝わるという基準で考えられたから

メイク&ヘアスタイルの基本

髪型
明るすぎるカラーリングは避ける。会社によって基準が異なるので先輩に確認しよう

眉
細すぎたり、不自然な色や形は気持ちのよいものではない。自然に整える

アイメイク
目立つアイシャドウや太いアイラインはビジネスシーンには適さない

ファンデーション
肌の色に合ったものを選び、自然な仕上がりを心がける

リップ
濃い色や暗い色は清潔感を損なうので×。リップグロスのつけすぎにも注意

表情を磨こう

どれだけ丁寧な対応をされても、表情がともなわなければ気持ちは伝わらないものです。明るくさわやかな印象を与えるには、表情にも意識を向けましょう。

笑顔の3ポイント

1. 口角を上げる
2. 目元をやさしく
3. 相手と目を合わせる

表情を豊かにするには眉を動かそう

おはよう
ございます
申し訳
ございません
ウイスキー

喜びを表現する笑顔のときは、眉を上げるよう意識し、お詫びや謝罪のときには眉を下げると、表情が豊かになり、相手に気持ちが伝わりやすくなります。

仕事がはじまる前や落ちこんだとき「ウイスキー」と言ってみましょう。笑顔になります。
形（表情）が整うと、気持ちも入ってくるものです。普段から意識して表情を豊かにしましょう！

正しい姿勢を身につけよう

立った姿勢

①背中を丸めず
②胸を張って
③まっすぐ前方を見る

かかとが離れていたり、体重を両足に
均等に乗せないと、だらしない印象に

座った姿勢

女性 ①ひざをそろえ　②足をそろえ
③足先を直角より少し前におく

背もたれに
寄りかからず胸を張る

男性
①肩幅くらいに足を開き
②ひざの上に握りこぶしを軽く置く

歩く姿勢

①肩の力を抜き
②軽く腕を振り
③つま先は進行方向に向ける

足をひきずって歩くと
だらしない印象に

ついついしていませんか?

- いつもの癖で猫背に
- 胸を張りすぎて、あごがあがりすぎている
- 立って話を聞いているときに、上体が揺れる
- イスに座っているときに、ひじをついている
- 手をうしろで組む

男性版

身だしなみ チェック

☑ にチェックしてください

- [ ] 髪は伸びすぎてませんか　寝癖はついていませんか?
- [ ] フケなどはありませんか?
- [ ] ひげの剃り残しはありませんか?
- [ ] 襟や袖口に汚れはついていませんか?
- [ ] シャツの色は適切ですか?
- [ ] 洋服のシワは目立ちませんか?
- [ ] 上着のボタンは留めていますか?(立つときに留める)
- [ ] 上着やズボンのポケットに物を入れすぎてませんか?
- [ ] 爪は伸びすぎていませんか?
- [ ] 靴下の色は適切ですか?(派手な色・柄、白いソックスは避ける)
- [ ] 靴が汚れていませんか?　かかとはすり減っていませんか?
- [ ] 名札やバッジがゆがんでいませんか?
- [ ] 歯、耳、手はきれいですか?
- [ ] ネクタイは派手ではありませんか?
- [ ] 社風や職種に合った服装を心がけていますか?

女性版

身だしなみ チェック

☑にチェックしてください

- □ 仕事をするのにふさわしい髪型ですか?
寝癖はついていませんか?
- □ フケなどはありませんか?
- □ 職場の雰囲気に合った化粧をしていますか?
- □ 匂いのきつい香水はつけていませんか?
- □ 襟や袖口に汚れはついていませんか?
- □ 職場の雰囲気に合った服装ですか?(私服の場合)
- □ 洋服のシワは目立ちませんか?
- □ ボタンは留めていますか? 腕まくりなどしていませんか?
- □ 爪は伸びすぎていませんか?
- □ マニキュアの色は派手ではないですか? また、はげていませんか?
- □ ストッキングの色は適切ですか? (素足はNG)
- □ 靴が汚れていませんか? かかとはすり減ってませんか?
- □ 靴の型や色は適切ですか?
- □ 仕事の邪魔になるようなアクセサリーをつけていませんか?

3 正しいお辞儀

お辞儀は、相手に対して、敬意・感謝・謝罪の気持ちを表すための行為です。正しいお辞儀を身につけ、あなたの心を相手に届けましょう。

お辞儀のポイントと手順

1

はじめに
相手の目を見る

天井から1本の糸でつられているようなイメージ

背筋を伸ばし、胸を張る（あごは突き出さないように注意する）

手の指をそろえてまっすぐに伸ばし、ズボンの横の縫い目に中指を合わせる
または手を前で重ねておく（一般的には右手が下）

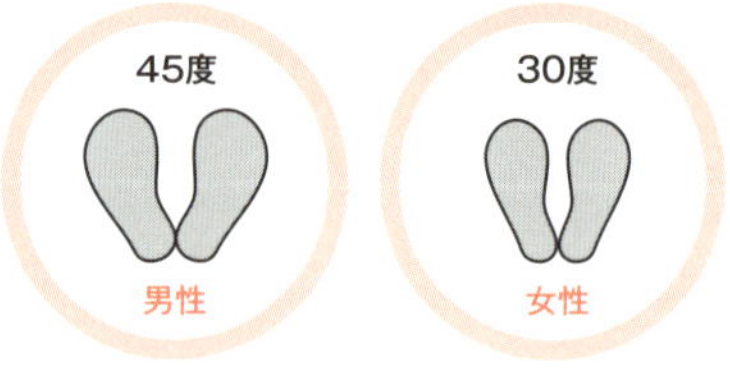

かかとをつけ、つま先を開く（男性45度、女性30度）

2
視線は自然におろす
首だけ曲がらないように注意し、腰から折る
もっとも深い位置で1秒間体を止め、戻りの動作をゆっくり

3
お辞儀の終わりも相手の目を見る
状況により、あいさつの言葉とお辞儀の種類を使い分ける
あいさつの後にお辞儀をする〝分離礼〟が、より丁寧

お辞儀の3ポイント

1. 腰から折る（頭だけが下がらないように）
2. いったん止めて、戻りの動作をゆっくり
3. お辞儀のはじめとおわりに相手を見る

お辞儀の種類

会　釈	
角度	15度
使用場面	●すれ違ったとき ●用件を承るとき ●人に話しかけるとき
言葉	●こんにちは ●かしこまりました ●失礼いたします

敬礼（普通礼）	
角度	30度
使用場面	●お出迎えのとき ●取引先へ訪問したとき ●あいさつをするとき ●感謝の気持ちを伝えるとき ●（一般的な）お見送りのとき
言葉	●いらっしゃいませ ●お待たせいたしました ●おはようございます

最敬礼	
角度	45度
使用場面	●お詫びのとき ●深い感謝の気持ちを伝えるとき ●（車など距離のある場合の）お見送りをするとき
言葉	●申し訳ございません ●ありがとうございました

ついついしていませんか？

● 背中は丸まっていませんか？

● 相手の顔を見ていますか？

● 頭だけを下げていませんか？

● かかとが離れていませんか？

4 あいさつのルールとマナー

あいさつは、コミュニケーションの第一歩です。朝のあいさつで１日がスタートし、帰りのあいさつで１日の業務が終了します。仕事ではチームワークがとても大切です。率先して明るくあいさつをするだけで、相手とよい関係を築きやすくなります。

社内はもちろん、お客様に対しても状況や立場に応じて対応できるよう心がけましょう。

あいさつの5ポイント

1. いつでも、誰にでも
2. 笑顔で明るく元気よく
3. 相手と視線を合わせて
4. 自分からすすんで
5. 名前やひと言を添えて

ついついしていませんか？

- 小さな声で、もごもご
- 語尾を省略する
- 目上の人に「ごくろうさま」
- 相手の目を見ない
- 忙しいからと、あいさつをしない
- 知らない人だからと、あいさつを避ける

ワンランク上のアドバイス

話題づくりに困ったら

気候（天気）
趣味
ニュース
旅（旅行）
知人
家族
健康
仕事
衣服
食べもの
出身地や住所

あいさつだけでなく、プラスアルファのひと言を交わすには、身近な話題を見つけるのがおすすめです。たとえば旅行に行った上司に「この間旅行なさった○○はいかがでしたか？」など、相手が興味をもっていること、話しやすい話題を選ぶと話も弾みますよ。

こんな話題は避けよう

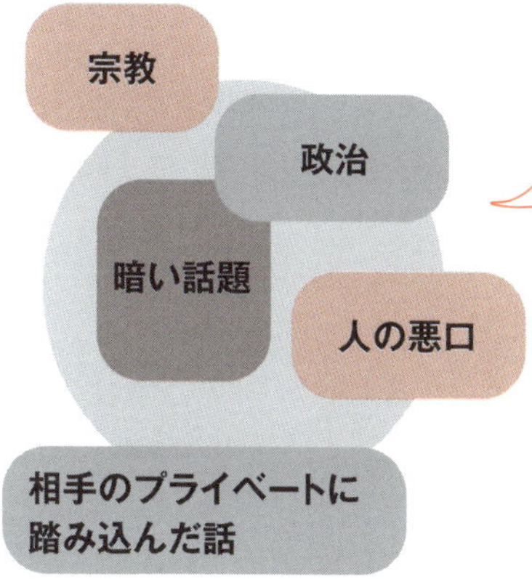
宗教
政治
暗い話題
人の悪口
相手のプライベートに
踏み込んだ話

相手の価値観に関わる話は、避けたほうがよいでしょう。意見がぶつかった場合、話がこじれ、その後の業務や人間関係に差しさわりが出てしまう可能性があります。同様に、マイナスな話題を出すのも、基本的にはNGと心得ておきましょう。

基本のあいさつ

出社時・朝	「おはようございます」
昼 外出するとき	「行ってまいります」 ＊行き先、戻り時間を伝えておく
出かける人へ	「行ってらっしゃい（ませ）」
帰社したとき	「ただ今戻りました」
迎えるとき	「お帰りなさい」 「お疲れ様です」
帰る人へ	「お疲れ様です（でした）」
帰社するとき	「お先に失礼します」
仕事を教えてもらったり、手伝ってもらったとき	「ありがとうございます」

会話の途中で話しかけたいとき	「お話し中、失礼いたします。 今、お時間少々よろしいでしょうか?」
迷惑をかけたとき	「申し訳ございません。 今後十分注意いたします」
上司や先輩に質問をしたいとき	「○○の件で質問があるのですが、 今お時間よろしいでしょうか」
お客様が来社したとき	「いらっしゃいませ」 *アポイントがある場合は名前を確認後、 「○○様お待ちしておりました」とひと言添える
いつもどうも…	「いつもお世話になっております」
わかりました	「承知いたしました」
案内します	「ただいまご案内いたします」
ちょっと待ってください	「恐れ入りますが、 少々お待ちくださいますか?」

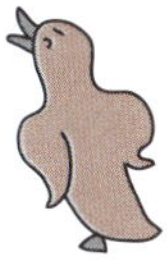

5 自己紹介に磨きをかけよう

自己紹介の目的は、相手に自分を知ってもらうことです。ビジネスチャンスの際に、相手に思い出してもらえるよう、印象に残るコメントを言えることも大切です。いつでも効果的な自己紹介ができるよう、コメントを1分程度にまとめておきましょう。

自己紹介のポイント

1. 笑顔で明るく

2. 氏名をはっきり、ゆっくり

- 第一印象が大切
- 自分の名前は言い慣れているので早口になりがち

3. 自己PRを工夫する

- 自分の趣味の話、大好きなもの
- ストーリー性をもたせる
- 自分の名前の由来

4. 最初と最後をきちんと

- 最初と最後のあいさつをきちんとすることで、全体の印象がよくなる
- お辞儀や立ち姿も全体の印象を左右する

ここに注意

- 声の大きさ
- 言葉づかい
- 姿勢
- 表情

自己紹介の流れ

① あいさつ

（みなさま）はじめまして

② 氏名（フルネーム）

このたび営業部に配属されました、
星山 靖則と申します

名字と名前の間に間《ま》を入れると聞き取りやすい

③ 自己PR

大学3年時の企業インターンシップで御社のトップセールスマンに出会い、その働きぶりに憧れて営業職を志望しました。お客様にとことん満足していただけるような営業マンを目指したいと思っております

④ 締めのあいさつ

みなさま、ご指導くださいますよう、
よろしくお願いいたします

6 ホウ・レン・ソウを完璧にしよう

会社というのは、大勢の人が協力し合って仕事をしていく場です。それをまとめるためには、指示系統が必要です。その指示系統にしたがって、仕事の指示・命令が出されます。そこではじめて仕事がスタートするのです。

社員一人ひとりがそれぞれの役割を果たして、確実に仕事をしていくためには、仕事の指示を正しく受け、わからないことは上司や先輩に相談し、必要事項を関係者に連絡しながら仕事をすすめる。そして、終了したらかならず報告する。これらを徹底して心がけましょう。

報告

過去のこと
（上司や指示を出した人に）

どのような結果になり、どういった過程で仕事を進めたかを上司に共有してもらうために行う

連絡

現在のこと
（関係部署や担当者に）

自分の仕事の現状を、常に上司に把握してもらうために行う

相談

未来のこと
（上司や先輩に）

何か問題が起きたとき、または起きる前に指示を仰ぐために行う

報告

指示・命令が仕事のはじまりなら、報告をすることが仕事の完了となります。報告のない仕事は終わったとはみなされないので、仕事が終わったらきちんと報告しましょう。

●報告する前に

・状況が複雑な場合は書面を添付しよう
・結論→経過→意見の順に要点をメモする
・指示・命令をした本人に直接報告する

ポイント

ミスや嫌な報告ほど早く報告しよう

●ミスをしたときは → ミスを隠さない
●ミスに気づいたら、その場で素直に謝罪する
●責任逃れや言い訳はしない
●状況説明を求められたら、感情的にならずに客観的な事実を話す

報告の流れ

1 相手の都合を聞く　相手の了承を得てから報告

「新谷課長、ただ今お時間よろしいでしょうか?」

2 結論を述べる　はじめに何についての報告なのかをはっきりさせる

「○○社さんから、商品△△の注文個数が変更になりましたのでご報告します。50箱でなく100箱になりました」

3 事実を説明する　自分の意見や憶測は含めない

「好評につき、各店舗に10箱ずつ追加したいとのことで、在庫にも問題がなかったためお引き受けいたしました」

4 意見を述べる　自分の意見であることを断ってから話す

「これはわたしの考えですが、20日朝の納品ですと、混み合いますので前日の夕方に発送するというのはいかがでしょうか?」

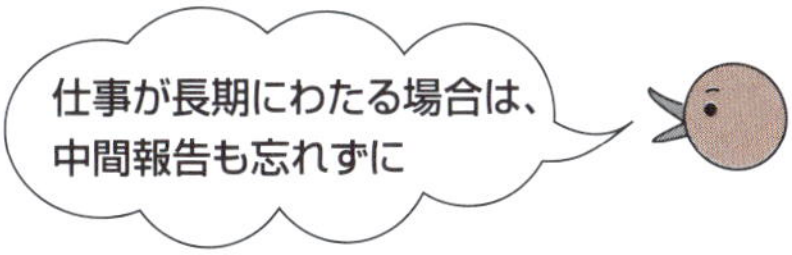

仕事が長期にわたる場合は、
中間報告も忘れずに

連絡

連絡をする際は、もれなく正確に伝えることがポイントです。5W3Hを使って的確に伝えるようにしましょう。

●シーン別 連絡の仕方

上司や同僚が外出中に、
関係先から問合せ・変更事項があった場合
→メモにして渡す

口頭だけではあやふやになってしまうため、メモにまとめて確実に伝えよう

自分が外出する場合
→どこに出かけ、何時に戻るのかをまわりの人に伝えておく

外部からあなた宛に連絡があったときなど、何よりも社外の人に迷惑をかけてしまうため、しっかり伝えておこう

会議中や、打合せ中の上司に緊急に
連絡する場合
→用件がひと目でわかるようにメモし、来客にひと言断ってから見えないように渡す

来客の前で用件をベラベラ話したり、メモを見せるのはNG。守秘義務にも関わり、来客によい印象を与えないので注意

ポイント

必要な情報は共有する
一緒に仕事をする人と、情報を共有したほうがよい場合は、連絡を受けた時点ですぐに伝えよう

重要なことは、本人に直接伝える
電話で連絡をする場合は、本人に直接伝えること。不在の場合でも、伝言は避けよう

相談

仕事で困ったとき・迷ったときに自己判断で処理したことにより組織に迷惑をかけることがあります。困ったとき・迷ったときは、遠慮なく早めに相談しましょう。

●相談する前に

・何を相談したいのか、明確にする
・自分なりの答え、対策を用意しておく

ポイント

大事なことは自分で勝手に判断しない

自分の判断で決められないことや職場での悩みなどは、できる限り早く上司や先輩に相談しよう。ただ相手に頼るだけでなく、まず自分で考えることは忘れずに

相談の流れ

1 相手の都合を聞く

「三宅主任、○○商事さんの商品プレゼン日程について、ご相談したいことがあるのですが、15分ほどお時間をいただけないでしょうか?」

2 状況を説明する

「○○商事の高田課長が、プレゼンの日程を5日早めて3日(火)にお願いしたいと希望なさっています。そうでないと、10日のPRイベントに間に合わないということなのですが…」

3 意見を述べ、アドバイスを受ける

「わたしとしては、イベントにはゆとりをもって間に合わせたほうがよいと思っています。そこで、もっとも時間のかかる資料作成の作業をどなたかに手伝っていただけたら、プレゼン日を早められるのですが、いかがでしょうか?」
自分の考えはまとめておく

4 報告とお礼

「先日の○○商事さんのプレゼン日程の件ですが、藍原さんに手伝っていただき、無事3日(火)に間に合いました。おかげさまでスムーズに進められました。ありがとうございました」
相談した相手には、結果も報告するのがマナー。どのような結果になっても、お礼を忘れずに伝える

デキる人の指示の受け方

① 名前を呼ばれたら「はい」

体をきちんと相手に向け、
指が縦に3本入るぐらい口を開けて
返事をする

② メモをとる準備をして上司の前に行く

上司の真正面ではなく、斜め前に立つ。
(真正面に立つと、相手が威圧的に感じてしまう)
とくに、名前・数字・金額・日時については、
かならずメモを取る

③ 上司の話をさえぎらず最後まで聞く

上司の話は途中でさえぎらず、
疑問点や質問事項はメモをしておき、
まとめて最後に聞く

④ 5W3Hで復唱する

聞きもらしや間違いがないか、復唱して確認

例）コピーを頼まれた場合

・コピーは○○部でよろしいでしょうか？

・サイズはA4でよろしいですか？

・期限はいつまででしょうか？

etc…

5W3Hとは？

WHAT	何を	何（用件の内容・目的）
WHOあるいはWHOM	誰が、誰に	（担当者、関係者）
WHEN	いつ、いつまでに	（日程・期限）
WHY	何のために、なぜ	（理由）
WHERE	どこへ、どこで	（場所）
HOW　TO	どのように	（手段、方法）
HOW　MUCH	いくら	（費用、予算）
HOW　MANY	どのくらい、いくつ	（数量）

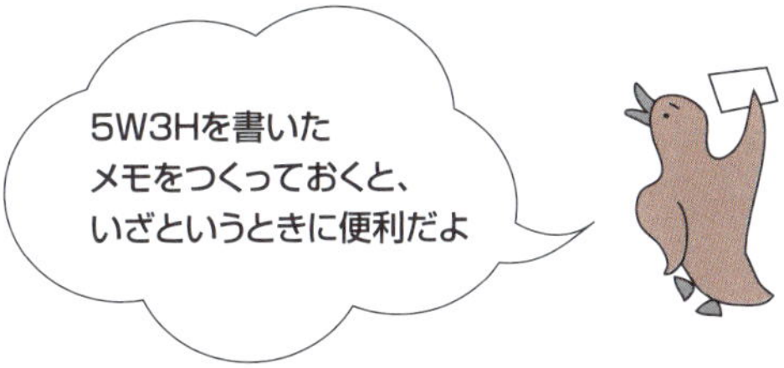
5W3Hを書いた
メモをつくっておくと、
いざというときに便利だよ

ホウ・レン・ソウのフレーズ

	普段の言い回し	敬語表現	ポイント
報告	ちょっと いいですか?	○○の件で ご報告があります。 今、お時間よろしい でしょうか?	用件と相手の都合を たずねてから
悪い報告	わたしは○○だ と思っていたら 間違っていて…	申し訳ございません。 ○○の手違いで △△のミスが起きました	悪い報告でも 言い訳しないで 事実を伝える
連絡	今日は 直行します	おはようございます。 本日は直行です。 これから○○社さまへ 伺います。 帰社は12時の予定です	届けを出していても 1本連絡を入れ、 帰社時間も 告げておく
相談	聞きたいんですが	○○について ご相談したいことが 2点あります	先に用件を伝える
社外からの相談	ちょっと わからないんで…	申し訳ございません。 わたくしでは わかりかねますので、 この件に関して 確認を取り次第、 再度ご連絡さしあげても よろしいでしょうか?	勝手な返事をせず、 丁寧に提案する

こんなとき
どうする?

頼まれた仕事が、期限内に終わらない!!

先輩に頼まれた仕事の期限が3日後に迫っていますが、期限内に終わりそうにありません。

予想では、さらに2日間必要です。（仕事の完了までに合計5日必要）あなたはどのように対処しますか?

正解は、自分なりの代案を立ててから、先輩に相談に行くことです。

期限内に終わらないことがわかった時点で、自分で期限を延ばしてもらう、誰かに手助けをしてもらうなどの対応策を考えてから先輩に報告をし、今後どのように対応をしていけばいいのか相談しましょう。

緊急の仕事･重要な仕事がまわってきたら…

仕事には、優先順位があります。ただ、どの仕事を優先させたらよいか、自分では判断できないこともあります。そのときはそれぞれどのように確認・相談すればよいでしょうか？　ケース順に見ていきましょう。

Q1. 直属の上司以外から指示を受けた場合はどうするの？

A. 直属の上司に確認をとろう

会社は部署ごとに仕事の役割や担当が決まっているため、それぞれ指揮系統が違います。ですから、どう対応すればよいのかを、かならず直属の上司に相談してください。

Q2. 上司から指示を受けたが、急ぎの仕事があって、すぐにとりかかれないときは？

A. 自分の仕事の現状を伝え、優先度を上司に相談

まず、現在抱えている仕事の内容と、所要時間を報告。そのうえで、どちらの仕事を優先するのか、上司に相談して指示を仰ぎましょう。

Q3. 先輩から頼まれていた仕事にとりかかっていたところ、課長から新しい仕事を指示されてしまったとき、どうすればいい？

A. 事実を伝え、優先度を課長に確認

課長に、すでに先輩から仕事を頼まれていることを伝え、どちらを優先するべきか、指示してもらおう。

立つ位置によって、相手の心地よさは変わる

相手の真正面は「礼」の位置。もっともきちんとした印象を与えるのはこの位置ですが、上司が座って、あなたが立っているときに正対すると、目線の高さが違うため、相手に威圧感を与えてしまいます。ですから、指示を受けるときや話を聞く際は、相手の正面をはずし、やや斜め前の「情」の位置に立つのがおすすめです。ただし「情」はマイナスに働くと、なれなれしい印象を与えてしまうこともあります。真うしろは「恐」の位置で、相手に恐怖感を与えます。

あなたが立つ位置によって、相手の心地よさは変わってくるのです。

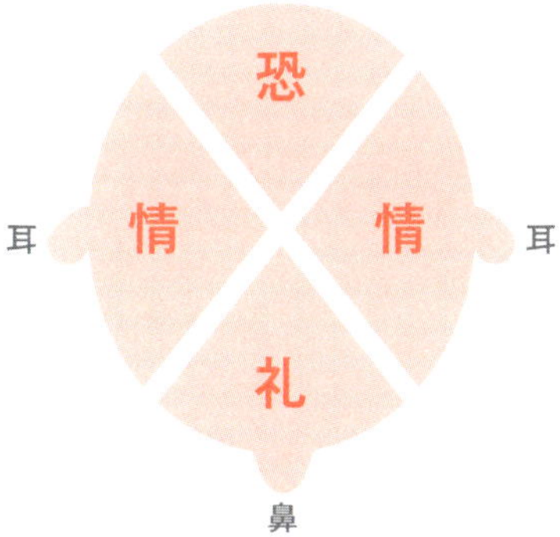
恐
耳
情
情
耳
礼
鼻

ついついしていませんか?

- 呼ばれても返事だけ、もしくは返事をしない
- メモを取らない
- 指示内容を勝手に変更する
- 無理だとわかっていても指示を受けてしまう
- 指示がくるまで動かない

指示は積極的に
受けに行こう!

話を端的にまとめるPREP法

限られた時間内で話をまとめるプレゼンテーションや報・連・相などで非常に役立つのがPREP法です。以下の順番で話すくせをつけると、内容が非常に伝わりやすくなります。ぜひ活用してみてください。

① POINT（結論）

最初にポイント、結論を述べる

「○○様にはわたくしどもの「A」という商品をおすすめしたいと思います」

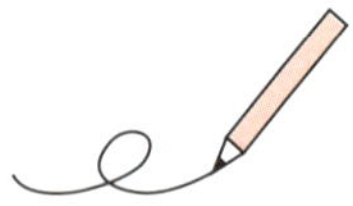

② REASON（理由）

その理由を話す

「その理由は3つあります。まず、
1つ目は…　2つ目は…　3つ目は…」

③ EXAMPLE（具体例）

具体例を挙げ、納得をうながす

「商品「A」をご利用いただいたお客様へのアンケートで、
購入してよかった:95%、
また利用したい:93%の結果が出ています」

④ POINT（結論の繰り返し）

最後にもう一度自分の言いたいこと、主張を繰り返す

「ですから、○○様には商品「A」をぜひおすすめいたします」

ワンランク上のアドバイス

仕事の基本の流れ「PDCAサイクル」を知る

会社では、仕事を指示どおりに、決められた期限内で処理することが必要とされます。お給料をもらって仕事をする以上、その結果に責任を持ち、効率的に、確実によい成果を上げることが求められます。

そのための考え方として、「PDCAサイクル」というものがあります。これは、綿密に計画を立て、そのとおりに（軌道修正しながら）実践し、結果を評価し、改善し、次につなげるという仕事の流れのことをいいます。

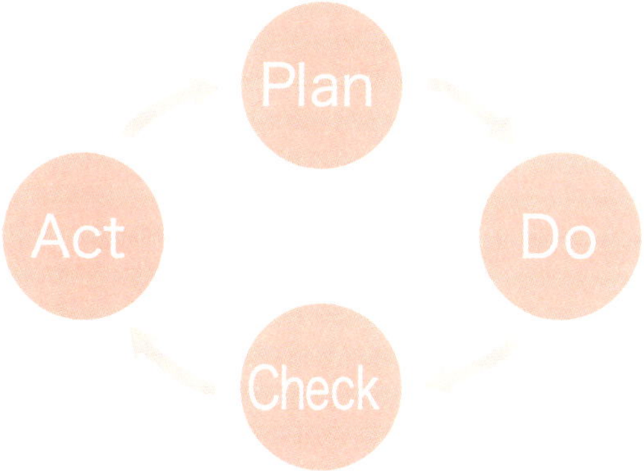

❶ Plan（計画）…具体的な行動計画を立てる
❷ Do（実施・実行）…行動する
❸ Check（評価・点検）…行動の内容についてチェックを入れる
❹ Act（処置・改善）…チェックをした内容について、改善点を考える

上記の4段階を実行し、1周したら、最後のActを次のPDCAサイクルにつなげ、1周ごとにサイクルを向上させて、継続的な業務改善をしていきます。このサイクルは、それぞれの社員の報告・連絡・相談が行き渡ってはじめて実現するものなのです。会社というチームを動かすには、社員一人ひとりの仕事を統括し、全体としてまとめていく必要があるからです。

報・連・相が大切だといわれる理由が、少しわかってきませんか？

column

「お辞儀」と「握手」共通の由来

お辞儀は東洋、握手は欧米特有のコミュニケーションですが、じつはこの2つには共通の由来があります。

お辞儀は姿勢を伏せて、自分の一番弱い部分を相手に見せる。握手は自分の利き手を差し出すことで、相手に敵意がないことを示す。つまり、どちらの行為も、自分の弱みを相手にゆだねることで、相手に対する敬意を表しているのです。

また、お辞儀の深さはあなたの心の深さを意味しています。ですから伝える思いによって、角度が変わってきます。相手と視線を合わせてしっかり握手すると、相手への心も深いことが伝わります。

敬意の表し方は、
文化とは関係なく同じなのです。

column

PART.2

敬語を使いこなそう

1 敬語をマスターしよう

苦手意識を捨てよう

敬語の役割は、相手に敬意を表すこと。世代や価値観の違う人間関係の中で、よりよい関係と円滑なコミュニケーションをはかるために必要なものです。

ただ、敬語は大切だとわかっていながら、苦手意識をもっている人が非常に多いのも事実です。でも、心配はいりません。

早く自信を得るために、基本的な知識を身につけましょう。

敬語の役割

1. **相手と自分との位置関係を明確にする**
2. **相手に敬意を表す**

自分と相手の　立場によって、使う言葉は変わる

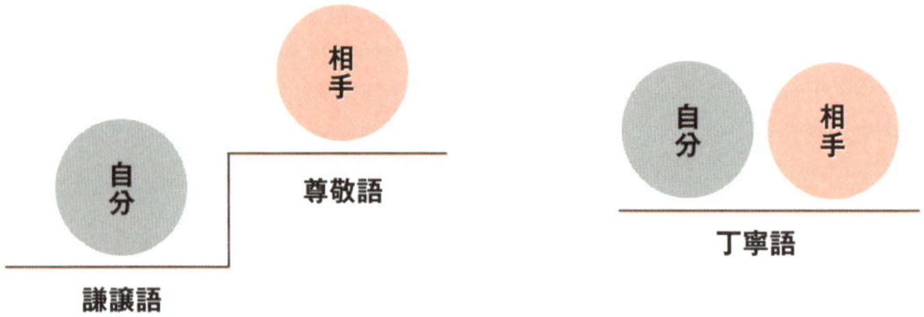

自分に対して使い、自分をへりくだるときには謙譲語、相手に対して使い、相手への敬意を表すときには尊敬語で表現する

丁寧語は立場に関係なく使う

尊敬語・謙譲語・丁寧語・美化語

尊敬語

相手や相手側の人、または第三者に敬意を表す（立てる）

行為	言い換え型	いる→いらっしゃる 話す→おっしゃる
行為	れる、られる お、ご ＋ になる、なさる	話される お話しになる
物事	お名前・ご住所	
状態	お忙しい・ご立派	

謙譲語

自分をへりくだることによって、相手への尊敬を表す

行為	言い換え型	行く→伺う
行為	付け足し型 （お、ご ＋ する、いたす）	案内する→ご案内する ご案内いたす
物事	弊社、拙著	

丁寧語

自分の言い方を丁寧にして、相手への敬意を表す

行為	（です、ます、ございます）	こちらです→こちらでございます 見る→見ます

美化語

言葉自体を丁寧にする

物・状態	言い換え型	水→お冷や、うまい→おいしい、 飯→ご飯、便所→お手洗い
物・状態	付け足し型	店→お店、茶→お茶、 祝い→お祝い、本→ご本

現在、敬語は5分類に分けることもあります。詳しく知りたい方は
文化庁の国語審議会のホームページで「敬語の指針」をご覧ください。

尊敬語・謙譲語の使い方は状況で変わる

① わたしが高田課長と話す場合

●高田課長のことを話す

尊敬語

高田課長がおっしゃったように

●自分のことを話す

謙譲語

わたくしが先日申し上げましたように

② わたしが他社の二平さんと話す場合

●二平さんのことを話す

尊敬語

二平さんがおっしゃったように

●高田課長のことを話す

謙譲語

課長の高田が先日申し上げましたように

他社の二平さんと話す場合、高田課長は自分の側の人になる。
二平さんに対しては尊敬語、高田課長と自分のことは謙譲語で話す

よく使うビジネス用語

普段の言い回し	ビジネス用語
わたし	**わたくし**
わたしたち	**わたくしども**
相手の会社	**御社**
自分の会社	**弊社、当社**
あっち、こっち	**あちら、こちら**
今日	**本日**
明日（あす）	**明日（みょうにち）**
昨日（きのう）	**昨日（さくじつ）**
この前	**先日（せんじつ）**
すぐ	**さっそく**
今	**ただ今**
ちょっと	**少々**
一応	**念のため**
じゃあ	**では**
さっき	**先ほど**
あとで	**後ほど**

呼びかけ一覧表

	相手側	自分側
本人	あなた様、そちら様	わたくし、当方、こちら
あの人	あの方、あちらの方	あの者
誰	どなた様、どちら様	誰
同行者	お連れ様	同行の者
父	お父様、お父上	父
母	お母様、お母上	母
夫	だんな様、ご主人（様）	主人、夫
妻	奥様	家内、妻
息子	ご子息、ご令息、お坊ちゃま	息子、せがれ
娘	お嬢様、ご令嬢、お嬢さん	娘
自宅	お住まい、ご自宅	拙宅、小宅
贈答品	お品物、ご厚志	粗品、寸志
考え	ご意向	私見

敬語表現言い換え表

普通	丁寧語	尊敬語	謙譲語
話す	話します	お話しになる 話される	お話しする お話しいたす
食べる	食べます	召し上がる お召し上がりになる ※2重敬語の特例 お食べになる 食べられる	いただく ちょうだいする
もらう	もらいます	お受け取りになる	いただく・ちょうだいする・ 承る・たまわる
見る	見ます	ご覧になる 見られる	拝見する 拝見いたす
聞く	聞きます	お聞きになる 聞かれる	伺う　承る 拝聴する お聞きする
言う	言います	おっしゃる	申し上げる 申す
行く	行きます	いらっしゃる おいでになる 行かれる	参る・伺う
来る	来ます	いらっしゃる お越しになる お見えになる	参る 伺う
する・します	します	なさる	いたす
いる・います	います	いらっしゃる	おる おります

正しい敬語表現

× 誤った言い方 ×	○ 正しい言い方 ○
その件は受付で伺ってください	恐れ入りますが、その件は受付でお尋ねいただけますか（くださいますか）
うちの社長にお目にかかりましたか	わたくしどもの社長にお会いになりましたか
課長、東京出張ご苦労様でした 目上の人が目下の人に使う表現	課長、東京出張 お疲れ様でした
どうぞ、お茶をいただいてください	どうぞ、お茶をお召し上がりください
課長は、たしかにそう申されました	（社内） 課長は、たしかにそのようにおっしゃいました （社外） 課長の○○は、たしかにそのように申しました

× 誤った言い方 ×	○ 正しい言い方 ○
今日は会社におられますか?	失礼ですが、 本日は会社にいらっしゃいますか?
部長のお話、 とても参考になりました	部長のお話、大変勉強になりました
一度、当社に 参られてはいかがですか?	ご都合がよろしければ一度、 当社にお越しになるのはいかがですか?
佐々木部長は お帰りになられました (社外の人に)	申し訳ございませんが、 佐々木は帰宅いたしました
伊藤は出かけておりますが・・・ (上司の家族に対して)	●あいにく伊藤課長は 外出していらっしゃいます ●伊藤課長は席を はずしていらっしゃいます

間違い言葉に気をつけよう

「ら」抜き言葉

× 「ごはん3杯なら食べれる」

○ 「ごはん3杯なら食べられる」

「さ」入り言葉

× 「読まさせていただく」

○ 「読ませていただく」

二重敬語

× 「藍原様がお召し上がりになられた」

○ 「藍原様がお召し上がりになった」

マニュアル敬語

× 「お茶のほうよろしかったでしょうか?」

○ 「お茶はよろしいでしょうか?」

若者言葉

「マジすか?」　「〜じゃないですか」　「こちら〜になります」

「わたし的に」　「すいません」

「一応」→(例)「一応、去年までは学生してました」

「お」と「ご」の使い分け方

原則として「お」は訓読みの言葉に、「ご」は音読みの言葉につけます。

「お」をつける言葉	「ご」をつける言葉	つけない
お気持ち、お考え、お時間、お言葉、お手伝い、お車、お電話(例外)…など	ご来社、ご心配、ご相談、ご伝言、ご在宅	コーヒー、ビールなどの外来語や動植物、公共物(公園など)、自然現象(雨、雪など)

相手に不快を与えない「クッション言葉」

会話の中でクッション言葉を使うことにより、表現をやわらげることができます。

とくに、上司やお客様に対してお願いごとをするときや、意向に添えないとき（お断りするとき）に意識して使うようにするとソフトな印象に変わります。

① お断りするときに使用

あいにく、残念ですが　【例】「あいにく、鈴木は休んでおります」

② 否定や依頼の言葉に使用　※「誠に」を加えるとより強調される

(誠に)恐れ入りますが	さっそくですが
(誠に)申し訳ございませんが	ご足労おかけしますが
(誠に)お手数ですが	勝手を申しますが
(誠に)失礼ですが	etc

その他の表現方法

① 命令形を依頼形に

【例】ご記入下さい → お手数ですが、ご記入いただけますか?

② 否定形を肯定形+代案

【例】できません → 申し訳ございませんが、○○はいたしかねます。
△△ではいかがでしょうか?

【例】席にいません → あいにくただ今席をはずしております。
戻り次第、こちらからお電話いたしましょうか?

column

「挨拶」の言葉の意味を知ろう

「挨拶」の「挨」には“開く”、「拶」には“近づく”という意味があります。つまり、「挨拶」という言葉には“自分の心を開いて、相手の心に迫り、相手の心を開かせる”という意味が込められているのです。

あなたがそっけないあいさつをすれば、そっけない返事しか戻ってきませんが、あなたがにこやかに「おはようございます」とあいさつしたならば、相手もつられてにこやかに「おはよう」を返してくれるでしょう。先に心を開き、相手の心を開かせる。これがあいさつです。

気持ちの込もったあいさつは、
人間関係の構築につながります。
「相手を立てる」敬語をしっかり使い、
気持ちのよいあいさつを心がけましょう。

column

PART.3

訪問·接客の基本を知っておこう

1．名刺交換で差をつけよう
2．人物紹介のマナー
3．スマートな来客応対を身につけよう
4．訪問するときのマナー

1 名刺交換で差をつけよう

名刺交換は印象よく

ビジネスシーンで初対面のとき、はじめに行う行為はあいさつと名刺交換です。第一印象はいつまでも残るものですから、名刺交換は、あなたの印象が決まるとても大切な機会です。相手を立てる気持ちを忘れず、会社の名を背負ったビジネスパーソンとして、礼儀正しく行いましょう。また、名刺はその人の「第二の人格」「顔」ともいわれます。いただいたら、丁寧に扱うよう、心がけてください。

名刺交換のきまり

池田真一
訪問者から先に渡す

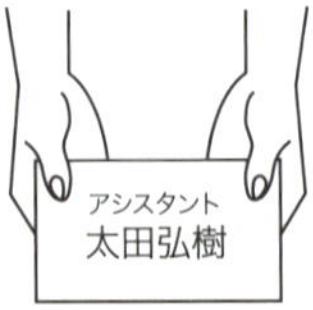
アシスタント
太田弘樹
相手より自分の立場が低い場合は先に渡す

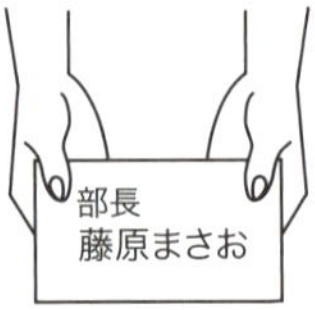
部長
藤原まさお
訪問者が複数名のときは役職が上の者から渡す

Check!

- 汚れはない?
- 折れていない?
- 枚数は十分にある?

池田真一

差し出す前に自分の名刺を確認しよう

受け取った名刺の置き方

1枚なら名刺入れの上に
置くと好印象

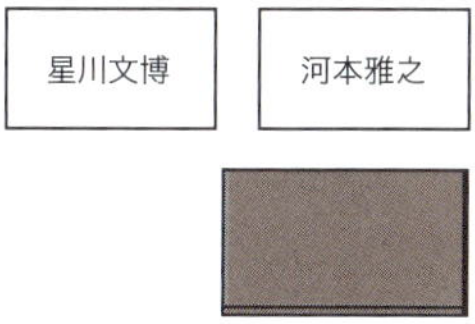

複数枚なら名刺入れの前に並べる
名刺入れは手前の右側に

立ち話の場合は（相手の名前を確認したら）
名刺入れにしまってもよい

ついついしていませんか？

- 相手の名刺を座ったまま受け取る
- 相手の目の前で、いただいた名刺に書き込みをする
- いただいた名刺をもてあそぶ
- 置いた名刺の上に書類や手を置く
- テーブル越しに名刺交換を行う
- 荷物を持ったまま名刺を渡す
- 名刺をそのままポケットに入れる
- 名刺入れを用意せず、定期入れ・手帳にはさんでいる

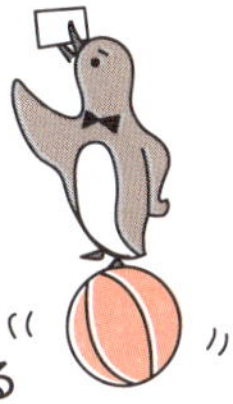

名刺交換の手順

1

名刺の受け渡しは起立して行う

名刺を出す順番は、目下の者から先に、
訪問したほうから出す

2

名刺は相手の目を見て、社名・名前をフルネームで名乗って渡す

- 「はじめまして、わたくし○○会社の星川文博と申します。よろしくお願いいたします」
- 相手の名前が読みにくいときは、たずねてもよい
「失礼ですがなんとお読みするのでしょうか?」

3

相手に自分の名前が読める向きにし、胸の高さで差し出す

4 受け渡しは両手が原則

- 両手で相手の名刺を持ち、「星川様でいらっしゃいますね?」と相手の名前を確認する
- 渡すときも両手が基本

5 名刺は名刺ケースにしまう

- 名刺ケースは胸ポケット(男性)にしまうか、もしくは手に持つ
- ズボンのポケットには入れない
- 女性はカバンの中にしまうか、もしくは手で持つ

出し遅れたとき

相手の名刺をお受けしてから、お詫びの言葉を添えて自分の名刺を渡す

お先にちょうだいいたします(名刺を受け取る)。申し遅れました、わたくし○○社の星川文博と申します…

同時交換の場合

右手で自分の名刺を差し出しながら、同時に相手の名刺を左手の名刺入れの上で受け取る

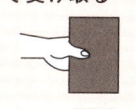

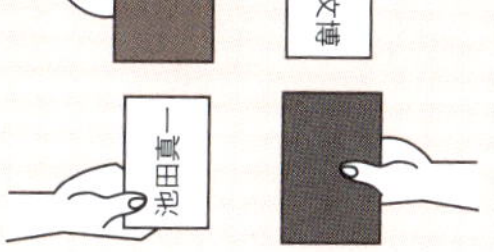

2 人物紹介のマナー

身内･目下の人から先に紹介する

面識のない人同士の間に立って紹介する場合は、まず順番に気をつけます。名刺交換のときとは違って、身内・目下の人から紹介するのが原則です。自社の人とお客様なら、自社の人を先に紹介します。

紹介する順序の原則

先に目下の人を
目上の人に紹介する

年下の人を先に紹介する
(年下でも役職が上の場合、後で紹介する)

地位も年齢も同じような場合には、
より自分に近い人から紹介する

家族を紹介するときは、先に家族を
紹介し、その後相手の人を紹介する

シーン別　紹介の方法

社内の上司や同僚を社外の人に紹介

① 社内の人間を先に紹介する（上司でも呼び捨てで紹介する）

> 徳永様、こちら企画部主任の高田です

② 社外の人を上司に紹介する（肩書きや、敬称をつけて紹介する）

> 高田主任、こちらは森ペイントの徳永様です

ひとりの人に、社内の複数の人間を紹介する場合

全体の紹介をした後、目上の人から一人ひとり紹介する

> 徳永様、こちらが弊社の企画部一同です。こちらが企画部長の藤川です

ひとりの人を大勢の人に紹介する場合

ひとりの人をまず紹介し、その後可能であれば全員を紹介する

> みなさん、こちらが社内勉強会に新しく入会した森さんです。
> 森さん、こちらが社内勉強会のメンバーです

紹介されたとき

フルネームで名乗り、あいさつをする

> はじめまして。
> ○○社企画部の
> 園田かおると申します。
> よろしくお願いいたします

紹介が終わったら、
その後、話をしやすいように、
自分との関係や紹介した人に
ついてフォローを入れよう

3 スマートな来客応対を身につけよう

受付応対で会社の印象が決まる

会社の印象は、受付の応対で大きく変わります。会社の代表として、いかに相手の立場に立った応対をするかがポイントです。また、自分の担当でなくても社内でお客様に出会った場合は、気持ちよくあいさつをしましょう。

受付応対のポイント

1. **スピーディーで適切な応対**
2. **忙しいとき、トラブルが発生しているときこそ笑顔で接する**
3. **業務内容・社内のしくみを早く覚え、豊富な知識でお客様のお役に立てるようにする**

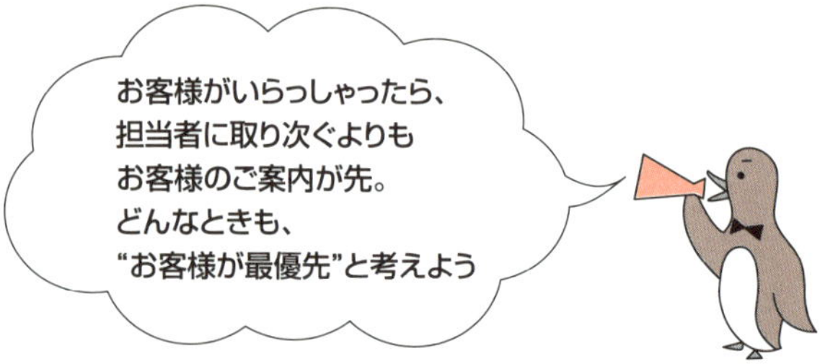
お客様がいらっしゃったら、
担当者に取り次ぐよりも
お客様のご案内が先。
どんなときも、
“お客様が最優先”と考えよう

基本の受付応対

① 明るくさわやかなあいさつでお迎えする

「いらっしゃいませ」

お客様がいらっしゃったら、
すぐに立ち上がってあいさつ

② 相手の会社名・名前を確認する

「○○社の藍原様でいらっしゃいますね」

名乗らない場合は
「失礼ですが、お名前をお伺いできますでしょうか？」

名刺を渡された際は、
「お預かりします」と言って
両手で受け取る

③ アポイントの有無を確認する

「お約束いただいておりますでしょうか？」
なし→「失礼ですがどのようなご用件でいらっしゃいますか？」

あらかじめアポイントをいただいている場合は
「○○社の藍原様でいらっしゃいますね。お待ちしておりました。
ただ今、高田を呼んで参りますので少々お待ちください（ませ）」

④ 担当者に連絡をして指示を仰ぐ

「○○社の藍原様が受付でお待ちです。
いかがいたしましょうか？」

⑤ 指示にしたがって応対をする

「高田はまもなく参りますので、応接室にご案内いたします」

ご案内の手順

1

「応接室にご案内いたします」と伝え、ご案内する

2

お客様の斜め前方を歩く

・お客様の歩調に合わせて歩くように心がけ、曲がり角ではうしろを振り返って確認する
・基本は左斜め前を歩く（ただし相手の安全性が最優先）

3

方向を示す際は、5本の指をそろえ、方向を示す

・視線を沿えるとより丁寧
・左手側の方向は左手、右手側の方向は右手で示す

エレベーターでのご案内

基本は、乗り降りはお客様が先。複数のお客様をご案内して乗るときだけ自分が先に乗るため、ひと言「お先に失礼します」の声をかけましょう。
降りる際は、「こちらでございます」と方向を示し、お客様に降りていただきます。

階段でのご案内

登る際は「○階でございます」と行き先を告げ、先に階段を上がります。（目線が上になってしまうため、お客様に先に上がっていただく場合もある）お客様には手すり側を歩いていただくように。下りる際は案内人が先に歩いて案内します。

部屋にご案内

入る前にかならずノックをします（ゆっくりと2、3回）。

内開きのドアの場合

ドアを押しながら開け、先に部屋に入り、ドアのうしろに半分体を隠すように立ち、ドアを押さえながらお客様をご案内します。

外開きのドアの場合

ドアを開け「こちらでございます」と声をかけお客様に先に入っていただきます。部屋に入ったら、上席にご案内をし「どうぞ、こちらにおかけになってお待ちいただけますか？○○はまもなくまいります」とひと言添えます。

こんなとき どうする？

約束の時間にお越しいただいたのに、
担当者の会議が長引いてお客様をお待たせしてしまう

→事情をお話しし、あとどのくらいの時間がかかるかをお伝えしてお客様のご都合を確認する

「藍原様でいらっしゃいますね。お待ちしておりました。大変申し訳ございません。高田ですが、所用が長引いておりまして15分ほどお待ちいただけたら…と申しておりますが、藍原様のご都合はいかがですか？」

細かな内容は あえて伝えない

その後、お茶を出すなどして気をつかう

アポイントなしで訪問され、
担当者が忙しく断ってほしいと言っている

→丁寧に謝る。場合によっては、伝言を承る

「せっかくお越しいただきましたが、本日、高田は、はずせない用がございまして、お目にかかることができかねます。よろしければご伝言を承りましょうか？」

お茶をいれる前に

湯飲み茶碗

・ひびが入ったり、
欠けたりしていないか?
・茶渋がついていないか?

清潔さ

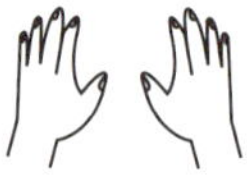

・手を洗ったか?
・爪が伸びすぎたり、
濃いマニキュアをつけてないか?
・湯のみ・茶たく・お盆が
濡れていないか?

お茶のいれ方

① 沸騰した湯を茶碗の8分目まで注ぎ、温める

ほうじ茶90度、煎茶70度
玉露55度を目安に

② 茶碗の湯が適温になったら茶葉を入れた急須に移して1分間待つ

③ 濃さが均一になるように、各茶碗に少しずつ注ぐ

ワンランク上のアドバイス

■運ぶときのお盆の位置は体の正面でなく少し左か右
(吐く息がかからないようにするため)
■木目のある茶たくは横にして出す
■器の柄はお客様の正面に
■30分経ったら、お茶をいれ直す

お茶出しの手順

1 **茶碗と茶たくを別々にし、ふきんも準備して運ぶ**

2 **ドアをノックして、「失礼いたします」または会釈をして部屋に入りドアを閉める**

3 **お客様に軽く会釈をしてお茶を準備する**

- サイドテーブルがある場合、サイドテーブルに置いてセット
- サイドテーブルがない場合、テーブルの隅か片手でお盆を持ち お盆の上でセット

4 **上座のお客様から先に出す（社内は後で）**

- 「いらっしゃいませ」「どうぞ」と言い添える
- 商談中（会議中）は軽く頭を下げ、声は出さない
- 茶碗のふち（口をつけるところ）に 手が触れないように

5 **両手で（お盆を持っている場合は片手で）出す**

- お客様の右側から出すとき → 右手で茶たくをもち、左手を添える（基本）
- お茶を出した手を戻すとき ゆっくりにすると丁寧に見える

6 **静かに一礼をして退出する**

- お盆は表を外側にして脇に持つ

7 **お客様がお帰りになったら、応接室の片づけをする（お茶を出した人が責任をもって片づける）**

席次を正しく知っておこう!

席次とは、座る位置によって相手を尊敬する気持ちを表すものです。一般的に、出入り口から遠く、居心地のよい位置が上席となります。

お客様をスムーズにご案内できるよう、基本的な上座・下座の位置を正しく覚えましょう。

応接室①

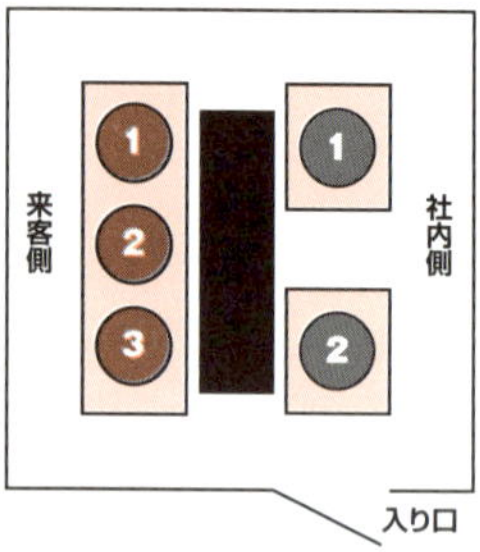

椅子は、長椅子(ソファー)が来客用で、肘掛け椅子は社内用である

応接室②

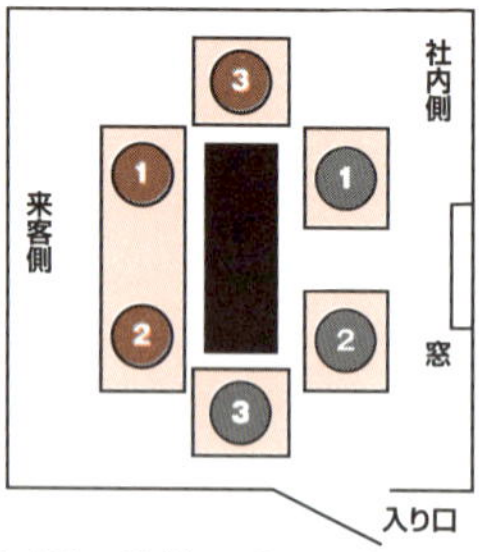

入口に近い③が一番の下座になる

打合せ席が事務所の一角にある場合

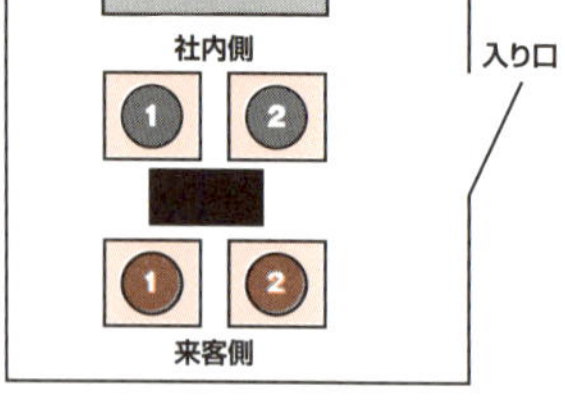

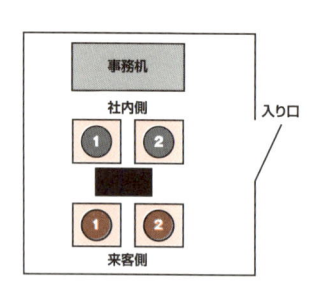

事務所の一角のコーナーのような場所は、事務机から遠い席が来客用(事務机から遠くなるため、社内情報も来客から遠くなるため)

乗用車（運転手付き）

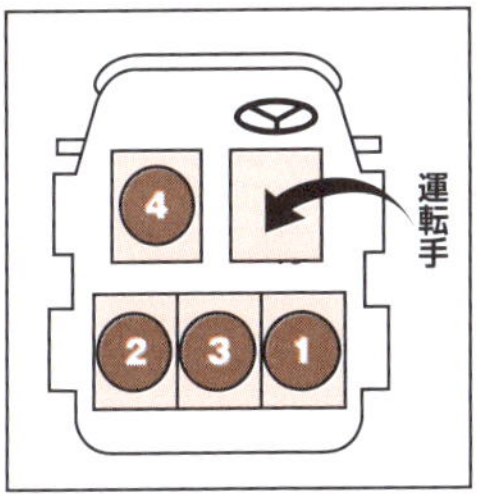
運転手
4
2
3
1

タクシーの場合、支払いや道案内のために、運転手のとなりが下座となる。また、お客様が年配の方や着物姿など乗り降りが大変な場合は、②を一番の上座とすることもある。本人に希望を聞こう

乗用車（持ち主の運転）

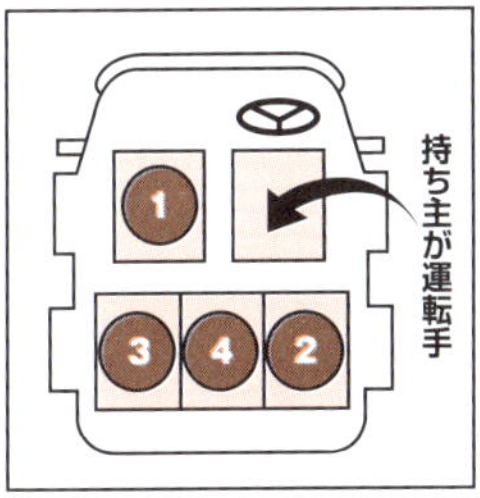
持ち主が運転手
1
3
4
2

運転手のとなりが上座となるため、助手席は一番位の高いお客様に座っていただく

エレベーター

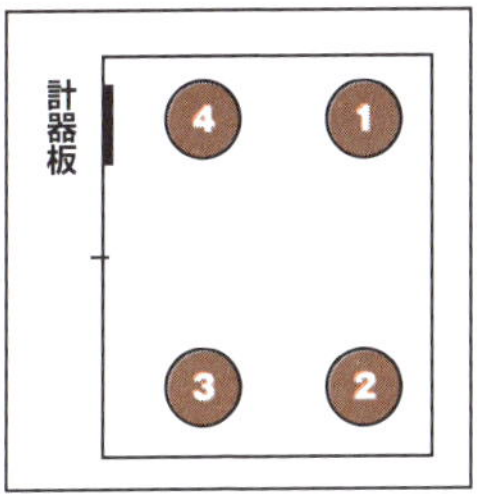
計器板
4
1
3
2

計器板の前が下座。奥が上座となる

新幹線

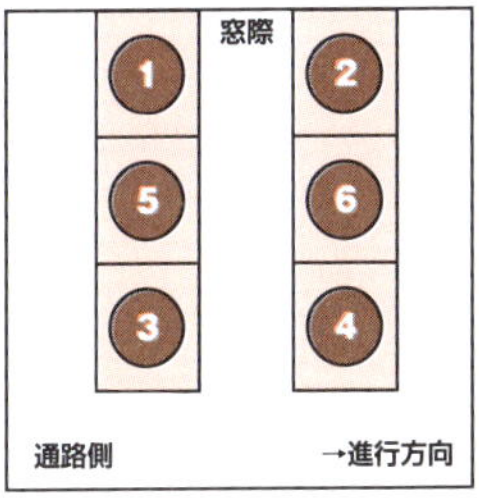
窓際
1
2
5
6
3
4
通路側
→進行方向

6人掛けで向かい合わせた場合、うしろの列の窓側が一番の上座となる

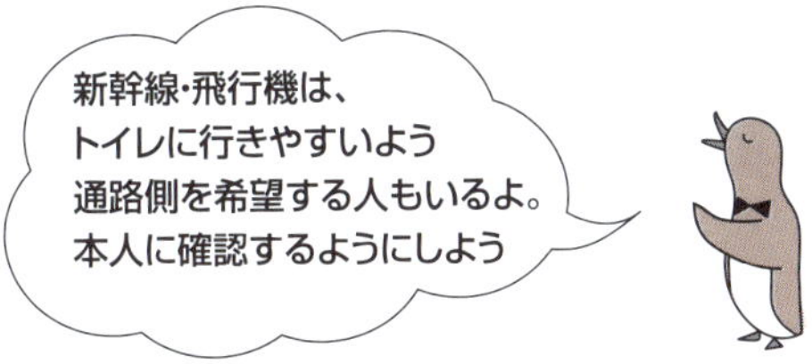
新幹線・飛行機は、
トイレに行きやすいよう
通路側を希望する人もいるよ。
本人に確認するようにしよう

お見送りの手順

1

訪問に対するお礼

「本日はお忙しいなかお越しいただきありがとうございました」
お客様が立ち上がったら席を立つ

2

ドアを開け、お客様を通す

お客様より先にドアを開ける。
ドアを押さえてお客様をお通しする

3

エレベーターホールまで先導する

お客様の斜め前に立ち、
エレベーターホールまで先導する。
エレベーターのボタンを押し、
お客様が乗り込むのを待つ

4

あいさつをする

エレベーターに乗ったお客様が
こちらを向いたらあいさつする

5

お辞儀をする

ドアが閉まりはじめたらゆっくりお辞儀する
「本日はご足労いただき、ありがとうございました」
「お気をつけてお帰りください」

相手が見えなくなるまで見送る

お見送りは、お客様が振り返る場合もあるため、(お客様の)姿が見えなくなるまで行います。エレベーターならドアが完全に閉まるまで、徒歩や車なら、人が見えなくなるまでです。車の場合、いったん立ち姿に戻り、見えなくなる直前にもう一度お辞儀します。

相手や状況によって、見送る場所や方法は違う

重要な取引先や役職が高い人が車で帰る場合は、相手が車に乗り込んだらあいさつをし、ドアが閉まったらお辞儀します。車でない場合は、ビルの出入り口まで、よく知っている人なら応接室の外かエレベーターホールの前まででOKな場合もあります。何よりも相手の意向を大切に判断しましょう。

よく使う訪問・接客用語

普段の言い回し・状況	お客様に対して
わたし、僕	わたくし
うちの会社	わたくしども、当社、わが社、 弊社（主に文書）
あなたの会社	御社、そちら様　貴社（主に文書）
ちょっと待ってください	少々お待ちいただけますか？
とても失礼だけど	まことに失礼ではございますが
誰ですか？	失礼ですが、 どちら様でいらっしゃいますか？
今、席にいません	あいにく、ただ今席をはずしております
鈴木さんに伝えます	（鈴木に）申し伝えます 社内の者に伝える場合
どうしましょうか？	いかがいたしましょうか？
そうです	さようでございます
わかりました	●承知いたしました ●かしこまりました

普段の言い回し・状況	お客様に対して
○○さんの言った通りです	○○様のおっしゃるとおりでございます
外出しています	外出いたしております
すみませんが	●申し訳ございませんが、 ●お手数ですが、 ●恐れ入りますが、
さっそくだけど	さっそくではございますが
そのことだけど	その件につきましては
どうですか?	いかがでしょうか?
わたしにできることがあったら	わたくしにできることでございましたら
忙しいとは思うけれど	ご多忙とは存じますが
できません	いたしかねます
わかってもらえませんか?	ご配慮願えませんでしょうか?

4 訪問するときのマナー

しっかり準備をして臨もう

はじめてのことでも、スムーズな流れをイメージできれば気持ちに余裕を持つことができます。しっかりと準備を整えて臨めば余裕も生まれます。終わった後は、上司への報告を忘れずに。

アポイントの取り方

① 面談の訪問目的・所要時間を伝える

「先日お話ししました○○の契約の件で30分ほどお伺いしたいのですが…」

② 自分の空いている時間・候補日をいくつか挙げて、選んでいただく

「お日にちは10日、15日、16日でしたら何時でもお伺いできますが、並木様のご都合はいかがでしょうか?」

③ 同行者がいる場合、同行者の役職や人数を伝える

「当日は、主任の藍原と2名で参りますのでよろしくお願いいたします」

訪問の心がまえ

① **持参する資料等は前日までに準備する**

・1部は予備を準備しておく
・名刺は余分に持っていく

② **訪問先の住所・電話番号・地図を確認しておく**

・とくに初日訪問の場合

③ **会社名・部署名・担当者名を確認する**

・名刺があれば持参

④ **数日前（2、3日前）にアポイントの確認を入れる**

⑤ **身だしなみを整える（服装は清潔に、さわやかな印象を与えるように）**

・とくにうしろ姿もチェックしておく

⑥ **到着は約束の5分～10分前を目安にする**

・あまり早い訪問は相手の予定を狂わせるのでNG

⑦ **万が一遅れそうな場合には、わかった時点で連絡をいれる**

⑧ **上司や社内の人に、行き先・帰社予定時刻を伝えておく**

訪問先でのマナー

① コート類は先方の建物に入る前に脱ぎ、手に持って受付に向かう

② 面会の約束がある場合は、受付に伝える

「お世話になっております。
わたくし○○社の高田と申します。
本日15時より営業部の並木様に
お約束をいただいております。
お取り次ぎをお願いいたします」

5分前には受付に到着しているように出発する

③ 名刺交換の前に担当者に礼儀正しいあいさつをする

「本日はお忙しいなかお時間を
ちょうだいいたしましてありがとうございます。
○○様のご紹介でお伺いしました。
△△社の□□と申します」

④ 会社名・名前を名乗り、右手で名刺を渡し、訪問の主旨・用件を手短に伝える

・お茶をすすめられた場合、待つ間に
飲んでもかまわないが、タバコは×
・書類カバンは足元に置く
（イスが汚れるため）

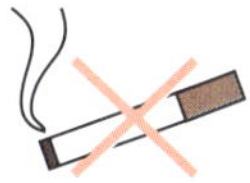

⑤ 用件をてきぱきと処理し、決定事項を確認してから引き上げる

用件決定事項を相互に確認した後、
退出のタイミングは訪問した側のリーダーが行う

「本日はお忙しいなかありがとうございました」

書類や名刺入れをしまってから立ち上がるとスマートに

ついついしていませんか？

- 連絡もせずに遅刻する
- 約束の時間よりかなり早く到着する
- コートを着たまま、もしくは上着を脱いで、応接室へ入る
- 灰皿のない応接室で、喫煙する
- ムダ話ばかりで長居する
- 話の最中に腕組み、足組みをする
- 面談中に携帯電話が鳴り出す
- 最初から応接室の上座に堂々と座る
- 訪問相手以外にはあいさつをしない
- すすめられる前に、お茶（コーヒー）を飲む

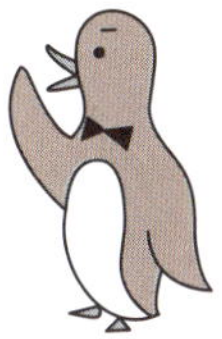

column

右は上座、左は下座と覚えよう

“右”は「社長の右腕」「右肩上がり」など、よい意味で使われることが多いですね。対して“左”は「左遷」「左前」など、プラスの言葉として使われることはありません。こうした言葉からもうかがえるように、右には「上座」、左には「下座」の意味が含まれています。

たとえば、お茶を出すときはお客様の右手側に置きます。お客様をお通しするときは、相手が右側になるように立ちます。基本的に、「相手が右、自分は左」と覚えておきましょう。

このことは、プロトコールという国際儀礼でも、そのように規定されています。

ただし、おもてなしでもっとも重要なのは、「相手の快適さを最優先する」ということです。上座・下座の位置を守ろうとするあまり、逆に相手に負担をかけてしまっては本末転倒。

ご案内にしても、席次にしても、
相手が心地よいかどうかを軸に動くことが
大前提です。

column

PART.4

電話応対を完璧にしよう

1. 電話応対の基本
2. 電話の受け方・かけ方例
3. 携帯電話のマナー
4. クレーム対応のステップ

1 電話応対の基本

会社の第一印象は、電話の第一声で決まります。かんじのよい応対をされると「信頼できる会社だ」という印象を与えますが、いい加減に対応されると、会社自体の信用も失ってしまう危険性があります。

電話応対は、あなたが「会社の代表として対応する」大切な仕事です。信頼感を与える応対ができるように、ポイントを押さえていきましょう。

電話応対の心がまえ

1	**正確・迅速・簡潔に**	だらだらと長い話は禁物。相手の時間を独占するものと考え、必要なことを手短に説明するよう心がけましょう
2	**姿勢を正す**	丸まった姿勢で話すと、声がこもってしまい聞き取りづらくなるほか、オフィス内での見た目も×。姿勢を正せば自然と声もハキハキ明るくなります
3	**声に感情と表情もセットで**	表情は声にも伝染するため、笑顔は必須条件。逆にクレームなどの場合は「申し訳ございません」という表情を意識すると気持ちが伝わります
4	**メモを取り、復唱する**	電話での情報は記録性がないので、大切な用件はメモを取る習慣をつけましょう。切る前に、用件を復唱し、相手にも確認してもらうようにしましょう

電話中はここに注意!

コールは 3回までに出る

4～5回になると、待たされたという気になります。たらいまわし、長い保留も禁物です。

電話をしている人のまわりは静かに

電話は、周囲4メートル四方の音を拾うといわれるほど集音性が高いもの。とくにクレーム電話のときには、まわりの笑い声などが響いていないか注意しましょう。

対応は丁寧に、誠実に

電話に出た人の対応の悪さが、会社自体へのイメージダウンにつながってしまいます。対応のポイントを押さえ、失礼のない態度で臨みましょう。

電話を受けるとき

「はい。○○○○(会社名)でございます」

1. 笑顔
2. 指3本が縦に入るほど口を開けて「はい」
3. 山型のイントネーション

「はい。○○○○でございます」
(コール3回まで)

「お待たせしました。○○○○でございます」
(コール4回以上)

メモの残し方

伝え忘れを防ぐために、メモは必須アイテム。自分の頭の中だけで覚えられると過信しないでしっかりメモを残しましょう。

伝言メモ

様へ

月　日　時　分

様より

用件

○○花子（受）

メモを残すときの基本

メモは
置きっぱなしにせず、
相手にひと声かけよう

1. 電話を受けた日時を書く
2. 内容は正確に
3. しっかり読める字で書く
4. 折り返しの場合は、かならず電話番号を伺う
5. 受けたのは誰なのかも記載する

ついついしていませんか？

他の電話が鳴りっぱなしでも
話に夢中

他の仕事をしながらの応対

保留ボタンを押さずに取り次ぐ

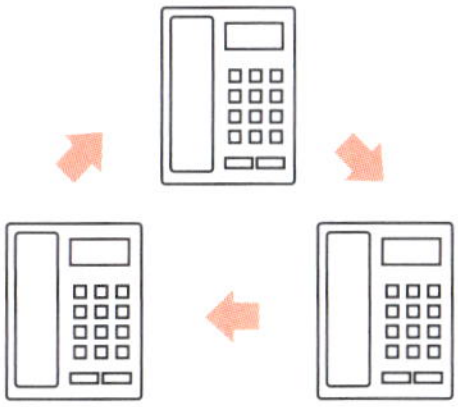

何度もたらいまわし

相手の都合も考えず長電話

不在者の行き先を
許可なく相手に告げる

電話を受けるときの手順

1

電話が鳴ったら、メモとペンを用意して、3コール以内に出る

「お電話ありがとうございます。○○社です」

2

相手の会社名、名前を復唱してあいさつ

「○○製作所の藤村様でいらっしゃいますね?
いつも大変お世話になっております」

3

誰宛の電話であるかを確認する

「総務部の広井でございますね。ただいまおつなぎしますので、
少々お待ちいただけますか?」

4

取り次ぐ

「○○製作所の藤村様より、お電話が入っております。お願いいたします」

指名者が不在のとき

伝言を承る

「よろしければ、わたくしが代わって
ご用件を承りましょうか?」

本人から折り返し電話をかける旨を伝える

「お急ぎでしたら折り返しお電話するよう
申し伝えますが、いかがいたしましょうか」

電話をかけるときの手順

1

用件をまとめておき、しっかり準備。メモも用意

2

電話をかける

「いつもお世話になっております。わたくし○○製作所の藤村と申します。恐れ入りますが、総務部の広井様はいらっしゃいますか?」

3

指名者が出たら、改めてあいさつする

「いつもお世話になっております。○○製作所の藤村です」

4

用件を伝える

「○○の件でお電話させていただきました。ただいまお時間よろしいでしょうか?」

5

最後にあいさつする

「お忙しいなかありがとうございました」

指名者が不在のとき

またこちらからかけ直す旨を伝える

「さようでございますか。ではまた改めてこちらからお電話いたします」

2 電話の受け方・かけ方例

電話の受け方

かけ手

①電話をかける前に内容を確認する

②相手が出たら名乗り、あいさつする

「おはようございます（お世話になります）。わたくし、□□□□（会社名）○○（名前）と申します。いつもお世話になっております」

③取次ぎを頼む

「恐れ入りますが、課長の田中様はいらっしゃいますか？」

受け手

①ベルが鳴ったらすぐ出る
②受話器を取ったらすぐ名乗る

「おはようございます
（お電話ありがとうございます）。
□□□□（会社名）でございます」

③相手を確認する

「□□□□社の○○様で
いらっしゃいますね。
こちらこそお世話になっております」

④取り次ぐ

「（課長の）田中でございますね。
かしこまりました。確認いたしますので、
少々お待ちいただけますか？」

「田中課長、
□□□□社の○○様からお電話です」

内線電話のかけ方・受け方

内線電話のかけ手

①ダイヤルする　自分の名を名乗る

「お疲れ様です
□□□□課の○○です」

③取次ぎの依頼

「△△さんいらっしゃいますか?」

内線電話の受け手

①受話器を取る

自分を名乗る

「お疲れ様です
△△△△課の□□です」

③用件を聞く

「△△さんですね、
少々お待ちくださいますか?」

基本の電話応対 ～アポイントの変更の連絡～

かけ手

●資料の準備をしておく
●担当者の名前を確認しておく

「おはようございます
（お世話になります）。□□（会社名）
○○（名前）でございます。
いつもお世話になっております」

POINT
●笑顔でさわやかに
●早口にならないように
●言葉をはっきりと

△△様はいらっしゃいますか？

「恐れ入りますが、来週の
研修の件でお電話いたしました。
今よろしいでしょうか？」

受け手

「おはようございます
（お電話ありがとうございます）。
□□□□（会社名）です」
（3回コールまでに出る）

POINT
●姿勢を正す
●メモの準備をする
●できるだけ早く出る

「□□社○○様で
いらっしゃいますね。こちらこそ
いつもお世話になっております」

POINT 「□□社の○○様」と
確認する

はい。わたくし△△でございます。

「待ち合わせ時刻を
10時から9時30分に
変更していただけないでしょうか?」

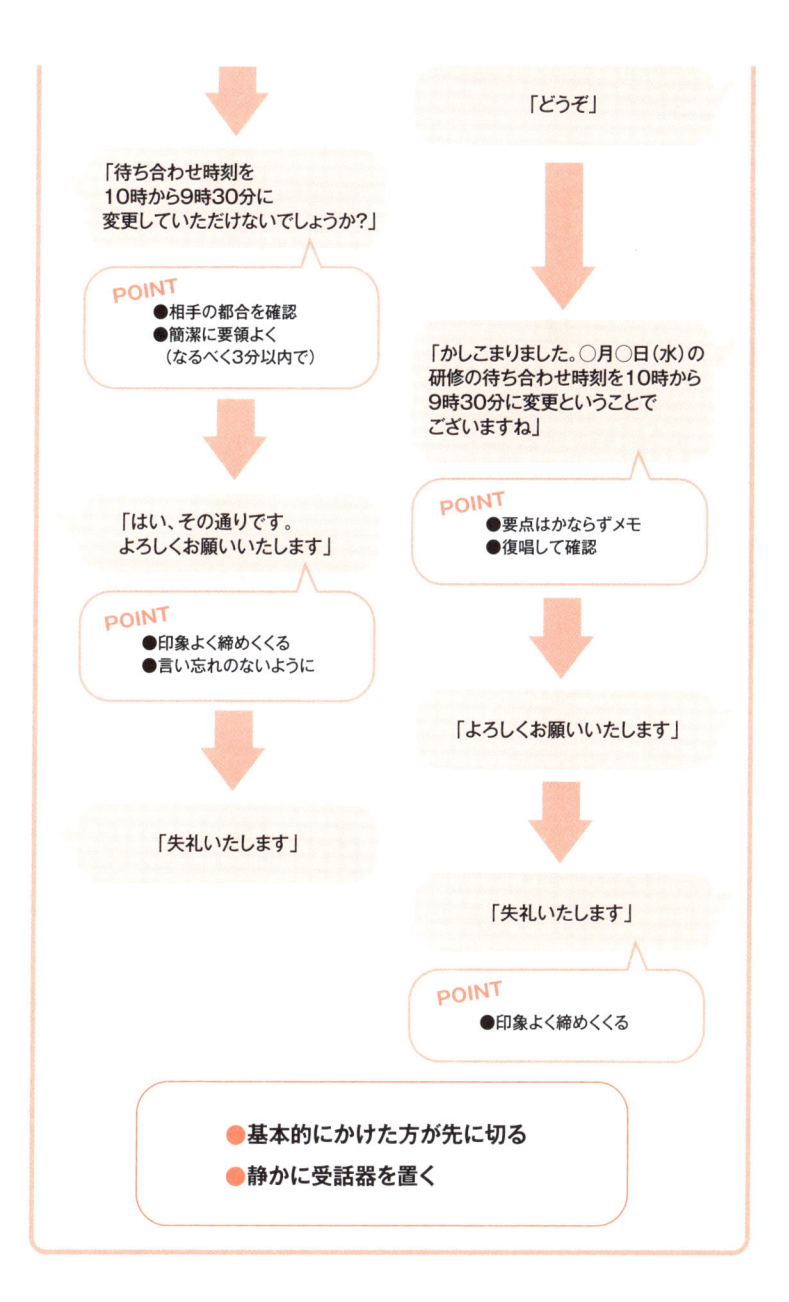

POINT
●相手の都合を確認
●簡潔に要領よく
（なるべく3分以内で）

「はい、その通りです。
よろしくお願いいたします」

POINT
●印象よく締めくくる
●言い忘れのないように

「失礼いたします」

「どうぞ」

「かしこまりました。○月○日（水）の
研修の待ち合わせ時刻を10時から
9時30分に変更ということで
ございますね」

POINT
●要点はかならずメモ
●復唱して確認

「よろしくお願いいたします」

「失礼いたします」

POINT
●印象よく締めくくる

●基本的にかけた方が先に切る
●静かに受話器を置く

不在時の対応 ～連絡先を伺う～

＜かけ手＞ 外部のお客様

①電話をかける前に内容を確認する

②相手が出たら名乗り、あいさつする

「おはようございます
(お世話になります)。
わたくし、□□□□(会社名)の
○○(名前)と申します。
いつもお世話になっております」

③取り次ぎを頼む

「恐れ入りますが、□□部の
○○様はいらっしゃいますか?」

④伝言を依頼する

「それでは、お願いします」

＜受け手＞ あなたの会社

①ベルが鳴ったらすぐ出る(3回以内)
②受話器を取ったらすぐ名乗る

「おはようございます
(お電話ありがとうございます)。
□□□□(会社名)でございます」

③相手を確認する

「□□□□(会社名)の○○様で
いらっしゃいますね。
こちらこそお世話になっております」

④電話に出られない理由を伝える

「□□部の○○でございますね。
申し訳ございません、
○○はただいま外出しておりまして、
○時頃に戻る予定になっております。
よろしければ、戻り次第こちらから
お電話いたしましょうか?」

⑤電話番号を伝える

「では申し上げます。電話番号は、
○○○ー○○○ー○○○○で
ございます」

⑥終わりのあいさつをする

「お手数ですが、
よろしくお願いいたします」

「では、失礼いたします」

⑤相手の電話番号を確認する

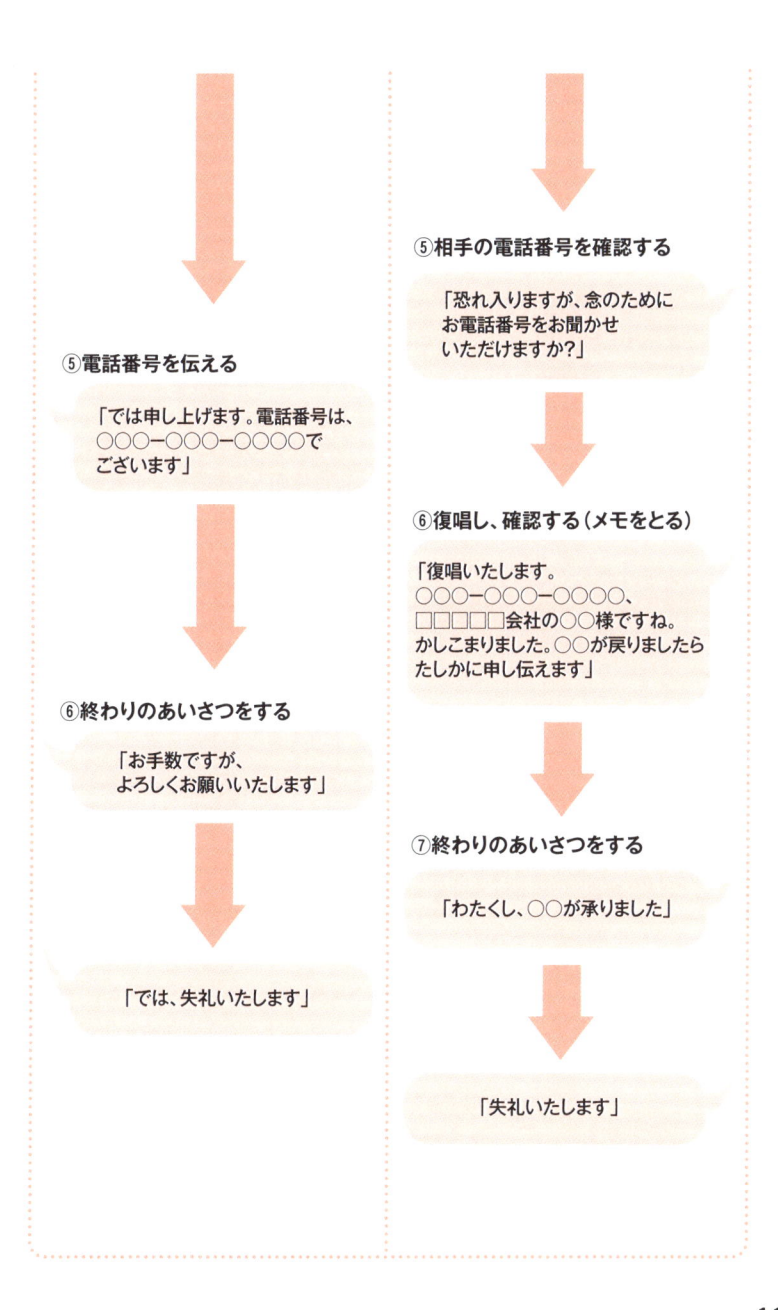

「恐れ入りますが、念のために
お電話番号をお聞かせ
いただけますか?」

⑥復唱し、確認する（メモをとる）

「復唱いたします。
○○○ー○○○ー○○○○、
□□□□□会社の○○様ですね。
かしこまりました。○○が戻りましたら
たしかに申し伝えます」

⑦終わりのあいさつをする

「わたくし、○○が承りました」

「失礼いたします」

不在時の対応 ～伝言を承る～

＜かけ手＞ 外部のお客様

①電話をかける前に内容を確認する

②相手が出たら名乗り、あいさつする

「おはようございます
（お世話になっております）。
わたくし、□□□□（会社名）の
○○（名前）と申します。
いつもお世話になっております」

③取次ぎを頼む

「恐れ入りますが、□□部の
○○様はいらっしゃいますか?」

④伝言を依頼する

「それでは、お願いします。
来週の打合せの件についてですが
…（内容）…」

＜受け手＞ あなたの会社

①ベルが鳴ったらすぐ出る（3回以内）
②受話器を取ったらすぐ名乗る

「おはようございます
（お電話ありがとうございます）。
□□□□（会社名）でございます」

③相手を確認する

「□□□□（会社名）の○○様で
いらっしゃいますね。
こちらこそお世話になっております」

④電話に出られない理由を伝える

「□□部の○○でございますね。
申し訳ございません、
○○はただいま外出しておりまして、
○時頃に戻る予定になっております。
お差しつかえなければ代わって
伝言をお伺いいたしましょうか?」

「そうです」

⑤電話番号を伝える

「では申し上げます。電話番号は、
○○○−○○○−○○○○で
ございます」

⑥終わりのあいさつをする

「お手数ですが、
よろしくお願いいたします」

「では、失礼いたします」

⑤内容を復唱し、確認する（メモをとる）

「それでは、復唱いたします。
来週の打合せの件…（内容）…
ということでございますね。

「承知いたしました。恐れ入りますが、
念のために、お電話番号を
お聞かせいただけますか?」

⑥復唱し、確認する（メモをとる）

「○○○−○○○−○○○○、
○○が戻りましたら
たしかに申し伝えます」

⑦終わりのあいさつをする

「かしこまりました。
わたくし○○が承りました」

「失礼いたします」

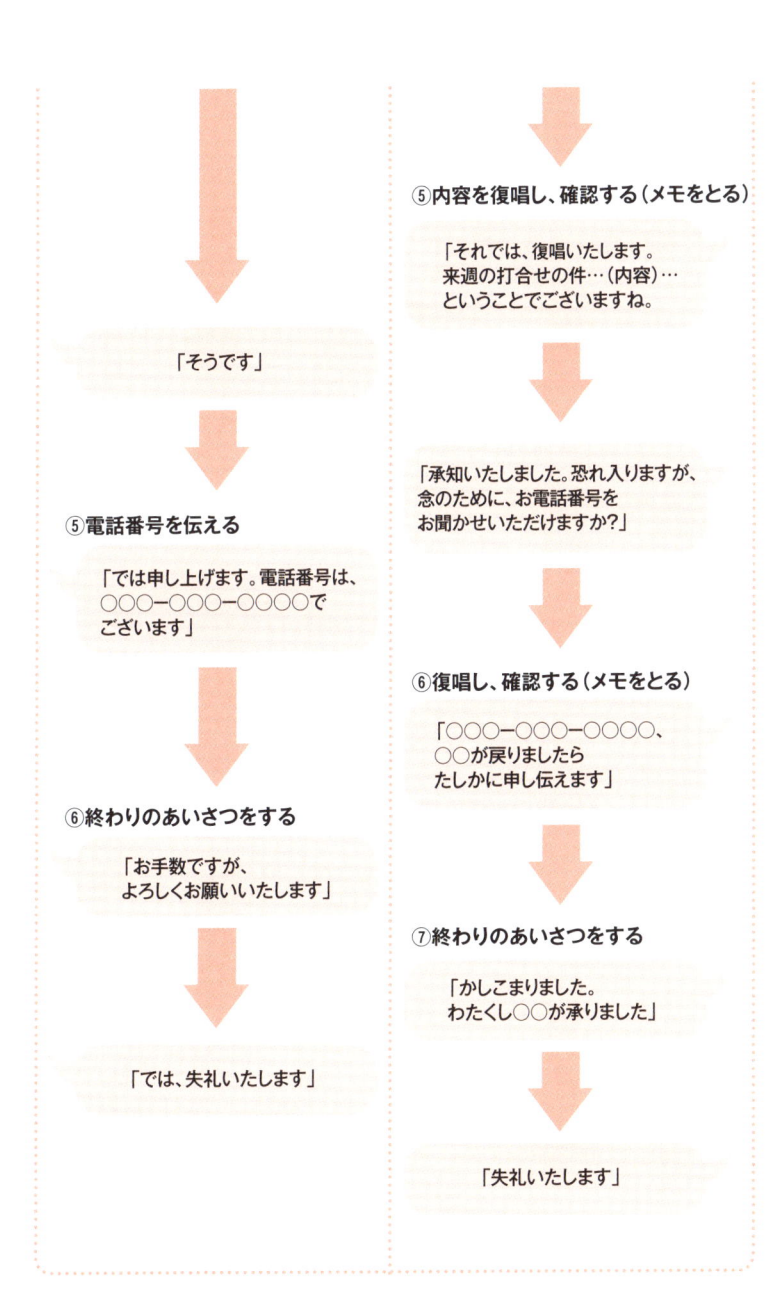

道案内

電話で会社への道順を尋ねられたとき、困らないように準備をしておきましょう。

【例】株式会社エ・ム・ズへの道順

①問合せがあったら、どちらからどの交通手段を希望されているかを確認する

キーワード

「失礼ですが、
どちらからどのような交通手段でいらっしゃいますか?」

※電車で名古屋駅から

②「名古屋駅からですと地下鉄の東山線、藤が丘方面に乗り、
一つ目の駅「伏見」駅で下車して、⑤番出口を出てください。
そのまま□□□ビルを左手に見ながら道沿いに
100メートル位進みますと左手に白いビルがございます。
そのビルが☆☆ビルでその4階に会社がございます。
エレベーターをご利用ください」

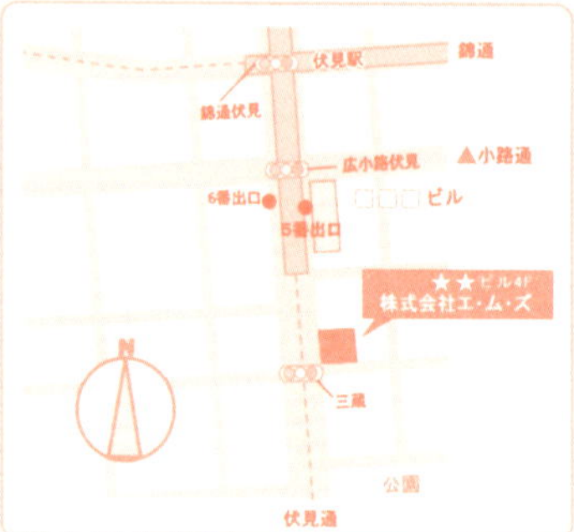

間違い電話を受けた場合

会社に間違い電話がかかってくることもあります。その際も丁寧な対応を心がけましょう。

①間違いではないか、確認する

「こちらは株式会社エ・ム・ズと申します。
失礼ですが何番におかけでしょうか?」
自分の社名を名乗って確認をし、相手が会社の番号と
同じ番号であった場合は、
担当者の名前が合っているかなど確認をする。

②番号が違っていた場合

「恐れ入ります。番号をおかけ違いのようですが…」

よく使う電話応対用語

通常	お客様に対して
わたし、僕	わたくし
うちの会社	わたくしども、当社、わが社、弊社（主に文書）
あなたの会社	御社、そちら様　貴社（主に文書）
ちょっと待ってください	少々お待ちいただけますか？
やります	いたします
できません	申し訳ございませんが、いたしかねます
どうですか？	いかがでしょうか？
知っていますか？	ご存じでしょうか？
（相手の会社の）佐々木部長	部長の佐々木様
（相手の会社の）担当者	ご担当の方
席にいません（社内の人）	あいにく、席をはずしております
何でしょうか？（用件を聞く）	●失礼ですが、どのようなご用件でしょうか？ ●ご用件をお聞かせいただけませんか？
後で電話してください	●お手数ですが、後ほど電話をかけ直していただけますか？ ●もう一度お電話いただけますか？

通常	お客様に対して
後で電話をします	後ほどこちらから(改めて)お電話いたします
すみませんが	●申し訳ございませんが ●お手数ですが ●恐れ入りますが
わかりました	かしこまりました、承知いたしました
わかりましたか?	おわかりいただけましたか?
外出しています	外出いたしております、外出しております
そのとおりです	ごもっともでございます
あなたの言うとおりです	おっしゃるとおりでございます
何とかしてください	ご配慮いただけませんでしょうか?
ちょっと声が聞こえないのですが	恐れ入ります、少々お声が遠いようですが‥
どうしましょうか?	いかがいたしましょうか?
ありません	●申し訳ございませんが、切らしております ●こちらだけとなっております
そうです	さようでございます
来て下さい	ご足労ですが、お越しいただけますか?

とっさのときの電話応対

電話応対では、いろいろな対応が求められます。さまざまなシーンでどのような応対をすればよいか、考えてみましょう。

1 **相手が名乗らず、「課長さんお願いします」と言っている。課長は在席している。**

「失礼ですが、どちら様でいらっしゃいますか?」　名前を確認する

2 **相手が早口で、声もとぎれて名前が聞き取れない。**

「申し訳ございませんが、もう一度お願いできますか?」　再度確認する

「恐れ入ります。お電話が遠いようですが」　相手の声が聞き取りにくい

3 **自分の担当以外の問合せを受けた。担当者は14時まで外出している。**

「担当の○○は、ただ今外出しております。
14時に戻る予定なのですが、戻り次第お電話いたしましょうか?」

4 **名指し人が電話中で、相手がかけ直してくれると言っている。**

「それでは、恐れ入りますが、
お電話番号をお聞かせいただけますでしょうか?」

念のため相手先の連絡先を聞いておく→メモを取り、名指し人に伝える

5 鳴りっぱなしの電話を取ったら、
相手は待たされたことに怒っている。

「大変お待たせして申し訳ございません」

まずは謝る
3回コールまでに出る

6 社内の他部署から係長に内線電話が入ったが、
係長の姿が見当たらない。

「○○係長は席をはずしていらっしゃいます。
社内にはいらっしゃるのですが、いかがいたしましょうか」

社内にはいるが、席をはずしている旨を伝える

7 名指し人が風邪で休みを取っている。
代わりに伝言を預かることになった。

「本日○○は休んでおります。
よろしければ代わりにわたくし○○がご伝言を承りましょうか」

休みを取っていることは伝えてもよいが、理由は伏せる

8 同僚の佐藤宛（遅刻中）に取引先から電話が入った。
相手は至急連絡を取りたいと言っている。

「佐藤はただ今席をはずしております。
本人に連絡が取れ次第ご連絡差し上げるよう申し伝えます」

遅刻をしていることは伝えない

9 出張中の石田さんに、来週のアポイントの件で
時間変更の希望があった。

「申し訳ございません。石田はただ今出張中です。
よろしければ石田に確認を取りまして折り返しご連絡いたしましょうか？」

・先方の希望の時間を聞き、石田さんに確認後折り返し連絡することを伝える
・または、本人から直接連絡を入れる旨を伝える

3 携帯電話のマナー

携帯電話は、いつでもどこでも電話ができる便利なツールですが、とりわけマナーが問われるものでもあります。基本的には携帯電話は緊急用と考え、公共マナーや相手に対する気配りを忘れないようにしましょう。

携帯電話の常識

携帯電話にかけてもよいかは確認を取ってから

名刺に携帯電話の番号が記載されている場合、かけてもよいかは、相手の了承を得てからにしましょう。

就業時間中の私用電話は×

就業時間中は仕事以外の電話はNG。プライベートな用事で電話がかかってきたら、留守電に切り替えるか、休憩中にかけ直しましょう。

会社支給の携帯電話はプライベートで使わない

会社から支給されたものは、会社の経費として処理されますので私用で使うのは厳禁です。

携帯電話を時計代わりにしない

ことあるごとに携帯を取り出すのは、見ていて気持ちのよいものではありません。腕時計をつけるのが社会人の基本です。

電源はマナーモードにしておく

仕事中に着信音が響くのはマナー違反。かならずマナーモードにしておきます。商談中は、緊急の用がない限りはオフにしておくことも忘れずに。

早朝･休日･夜遅くにかけるのは迷惑!

緊急の用事以外では、午前9時前、午後8時以降や休日は、携帯電話への連絡は控えたいもの。かける際も、ひと言お詫びしましょう。

職場外での会話はとくに要注意

本人が気づかなくても周囲に聞こえているものです。

携帯電話でよく使う表現

普段の言い回し	敬語表現	ポイント
藤村です	○○製作所の藤村と申します	会社の電話と 同じように、 社名まで名乗る
○○なんですが	○○の件でお電話しました	はじめに 用件をしっかり伝える
今いいですか？	ただ今よろしいでしょうか？	了解を得る
休日・早朝・ 夜8時以降	お休みの日に お電話してしまい、 大変申し訳ございません 朝早くに失礼いたします 夜分に申し訳ございません	かならずひと言 あいさつしてから
携帯に 電話しちゃって すみません	外出先にまで お電話をしてしまい、 申し訳ございません。 今、少々よろしいでしょうか？	はじめにひと言添える
後でかけ直して いいですか？	恐れ入ります。 ただ今外出先ですので、 30分後にかけ直しても よろしいでしょうか？	折り返す時間まで伝える

4 クレーム対応のステップ

クレームは、お客様からのあなたやあなたの会社への期待が込もったメッセージです。誠意と責任を持って対応をすれば、あなたやあなたの会社にとってプラスになります。ポイントを覚えれば怖くありません。

例：お客様に郵送した資料の内容が間違っていた。
お客様は明日の午前中の会議に必要だったと怒っている。
お客様から依頼を受けた担当者はただ今外出中。

1 まずは謝る、そして担当者が不在であることを告げる

「ご迷惑をおかけして大変申し訳ございません。あいにく、ただ今○○は外出しております。至急連絡を取りまして折り返しご連絡させていただきたいと思いますが、少々お時間をいただけませんでしょうか？」

お客様が話をはじめてしまったら、まずは対応者が聞こう

2 クレームの内容を聞く

「恐れ入りますが、（わたくし同じ担当の○○と申しますが、お差しつかえなければ）どのような内容かお聞かせいただけませんでしょうか？」

※相手の様子と自分の業務習得度によっては避けたほうがよい場合もある

3 お客様のお名前、連絡先を確認する

「恐れ入りますが、念のため、ご連絡先をお聞かせいただけませんでしょうか？」

4 最後にもう一度自分の名前を名乗る

「かしこまりました。わたくし、○○がたしかに承りました」

やってはダメ!　NGクレーム応対

1

相手を責める・否定する

「そんなはずは
ないんですが…」

2

「普通」「絶対」を使う

「普通そのようなことは起
こらないのですが…」
「それは絶対にありません」

3

話をさえぎる

「ちょっと待ってください。
それは…」

4

言い訳する

「でも…」「だって…」

5

**どうでもよさそうな
態度をとる**

「はぁ…」

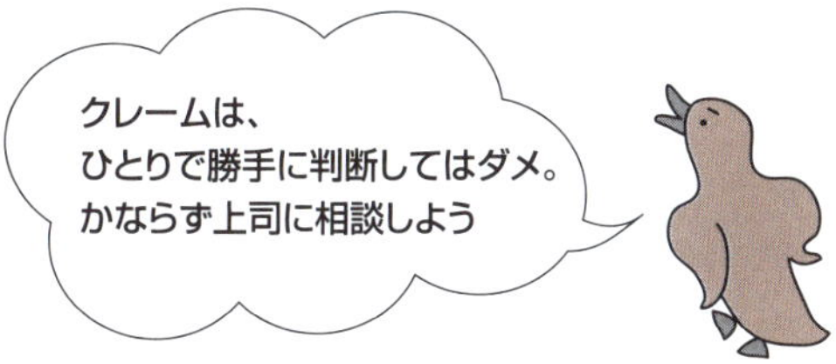
クレームは、
ひとりで勝手に判断してはダメ。
かならず上司に相談しよう

クレーム応対の必須ワード

普段の言い回し	敬語表現	ポイント
すみません	**誠に申し訳 ございませんでした**	表情と感情を出して
「先日購入した ○○なんだけど…」 の言葉を聞いた後に	**このたびはお買い上げ いただきまして、 ありがとうございます**	・まずは日ごろの お礼を述べてから 話を聞く ・顧客であれば 「いつも」でOK
そうですか	**おっしゃるとおりでございます**	相手に同調して
待たせて すみません	**大変お待たせしてしまい、 申し訳ございませんでした**	おわびは丁寧に
気分を悪く させてすみません	**ご不快な思いを おかけいたしまして 申し訳ございません**	・相手に同調して ・「わかりません」は禁句

普段の言い回し	敬語表現	ポイント
わかりました	**承知いたしました**	厳粛に
確認して 返事をします	**すぐに確認いたしまして、 お返事させて いただきたいのですが、 少々お時間を いただけませんでしょうか?**	尊敬語+疑問形で
こちらが 間違っていました	**こちらの手違いで ご迷惑をおかけいたしました**	ゆっくり
すぐ調べて、 あとで電話します	**さっそく調べまして、 ただちにお返事申し上げます**	謙譲語を忘れずに
ひと通り クレームを 聞いた後で	**このたびは、 貴重なご意見をいただき、 ありがとうございました**	感謝の気持ちを表現

column

要望に応えられなくても120%のCS（お客様満足）を得るには？

お客様の要望に応えられなくても120%の満足をいただくにはどうすればよいか。それは、適切な代案を出すことです。

たとえばお客様から商品の注文をいただいたとき。「○○を10箱のご注文でございますね？」と文末まできちんと発音し、口の形はウイスキー。「申し訳ございません。あいにく切らしております」…ここまでで70点。

「ただ、2週間後に入荷されますので、もしよろしければ予約の手配をいたしましょうか？」…これを言えば100点。お客様満足はぐっと上がります。

そしてさらに「次回もあなたから購入したい」と思っていただくには、あなたならどんな工夫をしますか？　常にその視点をもつことによって120%の満足をいただけるようになるのです。

代案は、要望に応じられなくても、「お客様のために、何かして差し上げたいという気持ちの表現です。状況に応じて適切な代案を出せるようになるには、常にお客様の立場になって、考えることが必要です。

常にその視点をもてるようになると、喜ばれることが増えていき、お客様だけでなく、あなた自身の仕事が楽しくなります。

column

PART.5

ビジネス文書・電子メールを正しく作成しよう

1. ビジネス文書のマナー
2. 電子メールのマナー

1 ビジネス文書のマナー

ビジネス文書は、はじめて見ると取っつきにくいイメージがあるかもしれませんが、形式にのっとって書いていればそれほど難しくありません。例文を参考にして、パターンを覚えてしまいましょう。

社内文書と社外文書の違い

社内文書	社外文書
①必要事項を的確に、迅速に、相手に伝えることが求められる ②あいさつは省略し、敬語なども控えめに	会社の代表として書くため、文書の種類ごとに基本形式をしっかり身につけておくことが求められる
通達書・稟議書※・報告書・届出書・議事録など	礼状・案内書・挨拶状・見積書・依頼書など

※稟議書とは、担当者が重要事項について、決裁者に文書で決裁承認を求めること

文書作成のポイント

1. 必要なことだけ、わかりやすく正確に
2. 1件につき1文書が原則
（複数の案件を織り交ぜない）
3. 結論を先に書く

基本のビジネス文書

文書番号を入れる
場合もある ——— 0001号

発信日　平成○年○月○日
（日付は元号〈平成〉を使う場合と
西暦を使う場合がある）

会社名は略さない
㈱→株式会社　㈲→有限会社）
「株式会社」「有限会社」の位置を確認

○○株式会社

営業部　新谷　睦 様

宛名

差出人

株式会社○○

イベント事業部　園田　よし子

正式には、差出人の
名前の後に社印や
役職者の印を押す

タイトルは用件がひと目でわかるように

春の○○展覧会のご案内

頭語　時候の挨拶

拝啓　早春の候、御社におかれましてはますますご清栄のこととお慶び申し上げます。平素は格別のご高配を賜り、厚く御礼申し上げます。

さて、本年も、弊社恒例「春の○○展覧会」を開催いたします。

ご多用とは存じますが、ぜひご高覧いただきたく、ご案内申し上げます。

結びの挨拶

結語

敬具

記書き

記

1. 日　時　　平成○年○月○日　午前○時～午後○時

2. 場　所　　△△ビル1F

記書き

以上

差出人とは別に担当者がいる場合は
ここに連絡先などを記入

担当：広報部　池田　由美

直通電話：03-1111-222*

Eメール：ikeda@○○.com

社外文書のマナー

敬称のつけ方	
会社·団体·職場宛 →「御中」	【例】○○株式会社 御中
職名宛 →「殿」	【例】総務部長 殿
個人宛 →「様」	【例】○○○○ 様
複数の人宛 →「各位」	【例】営業所長 各位

頭語と結語		
拝啓 ――	敬具	(一般的なもの)
謹啓 ――	敬白	(儀礼的なもの)
前略 ――	早々(草々)	(略式·急ぎの場合)
拝復 ――	敬具	(返信の場合)

前文の種類

時候のあいさつは、季節に合わせて用いる

【例】
- 1月:新春
- 2月:立春
- 3月:早春
- 4月:陽春
- 5月:新緑
- 6月:梅雨
- 7月:盛夏
- 8月:炎暑
- 9月:初秋
- 10月:秋冷
- 11月:晩秋
- 12月:初冬
- 1年を通じて:時下

相手の発展や健康を喜ぶ言葉

団体の場合	ご発展、ご盛栄、ご隆昌、ご隆盛、など
個人の場合	ご清栄、ご清祥、ご健勝、など

【例】貴社益々ご発展のこととお慶び申し上げます
時下益々ご清祥のこととお喜び申し上げます

文書は、かならず
控えのコピーか
データを取っておこう!

基本の社内文書

発信日の上に、
社内発信番号を付ける
文書番号 総務○○○○号
発信日　200× 年 4 月 5 日
発信した日(作成日ではない)

受信者
営業部　部課長 各位

発信者　総務部・部長
基本は個人名ではなく
役職名か所属部名を記入

件名
用件の内容を一文で表現する
管理者研修開催の件(通知)

主文
社内文書では、頭語やあいさつは省略し、すぐに要件を書く
表記研修会を下記のとおり開催します。

なお、欠席の場合は4月21日(木)までに総務部までご連絡願います。

別記　「記」を中央に書き、詳細内容を箇条書きにする。
最後に「以上」で締めくくる

記

1. 日　時　　200×年4月30日(土)13時～17時
2. 場　所　　本社第一会議室
3. テーマ　　新システム導入研修
4. 講　師　　IEコンサル 石山 さくら　氏
5. 持参品　　筆記用具、導入マニュアル

記書き
以上

担当者名
(担当:岡野 内線 224)

基本の社外文書

発信日　200× 年 3 月 5 日
発信した日（作成日ではない）

受信者
三宅電子株式会社
取締役社長 三宅 健太郎 様

発信者
発信者は責任者であり、
作成した本人ではない

受信者・発信者とも正式名称で書く

株式会社アイチ
取締役社長 森　美香

件名
工場見学のお願い

前文
拝啓 貴社ますますご盛栄のこととお喜び申し上げます。平素は格別のご高配を賜り、厚くお礼申し上げます。

主文 さて、本年も新入社員研修の一貫として、御社の工場を見学させていただきたく存じます。　前文とは行を変えて、「さて、」などから入る

つきましては、ご多忙中誠に恐れ入りますが、ご都合の程をお知らせ下されば幸いです。詳細は下記のとおりです。

末文 何卒よろしくお願い申し上げます。

結語
敬具

別記　「記」を中央に書き、詳細内容を箇条書きにする。
記　最後に「以上」で締めくくる

1. 見学希望日　　200×年4月中旬ごろ
2. 見　学　者　　200×年入社 弊社新入社員
3. 人　数　　20名

添付書類
弊社200X年度新入社員名簿
添付書類がある場合は
見本のように記入する

記書き
以上

担当者名
（弊社担当:山田）

詫び状

株式会社○○商事　業務部　　　　　　　平成20年10月21日

部長　安藤博正様

△△物産株式会社　　営業部

中本健二

拝啓　時下ますますご健勝のこととお喜び申し上げます。

さて、弊社が10月20日に納品致しました○○○の商品が破損して到着してしまい、申し訳ございませんでした。

大変なご迷惑をおかけしてしまい、心よりお詫び申し上げます。

平素より発送の荷造りには、厳重に注意させておりますが、今回のような不始末が生じましたことは、まだまだ弊社の体制に不行き届きがあるものと、深く反省しております。

今後は二度とこのようなミスのないよう、ただちに善処いたしますので、何卒ご容赦のほどお願い申し上げます。

どうか今後とも変わらぬご指導のほどよろしくお願い申し上げます。

敬具

異動のあいさつ状

拝啓　新緑が風に薫る季節となりました。皆様におかれましてはますますご健勝のことと心より
お慶び申し上げます。
さて、私こと、（自分のことは文末に入れる）
このたび札幌支店勤務を命ぜられ、四月一日に着任いたしました。
東京支店営業部在任中におきましては、ひとかたならずお世話になり厚く御礼申し上げます。
今後は、新任地・札幌で、心を新たにして努力する覚悟でおりますので、今後とも一層のご指導ご鞭撻を賜りますようお願い申し上げます。
まずは、略儀ながら書中をもってごあいさつ申し上げます。

敬具

平成二十年四月五日

株式会社□□物産　札幌支社

山上雅治

封筒の書き方

和封筒の書き方（一般的なビジネス文書）

表

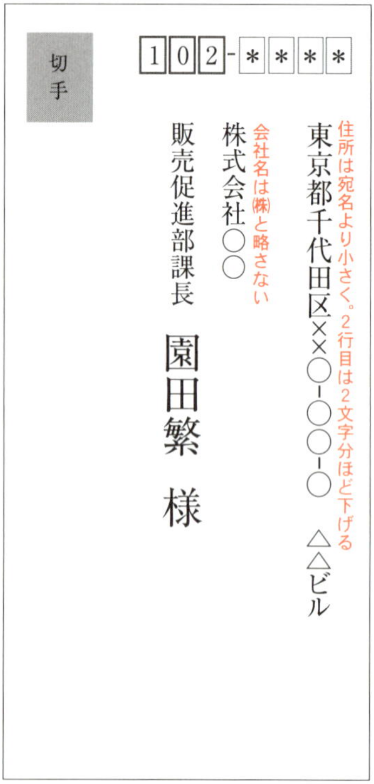
切手
102-＊＊＊＊
住所は宛名より小さく。2行目は2文字分ほど下げる
東京都千代田区××○-○○-○
△△ビル
会社名は㈱と略さない
株式会社○○
販売促進部課長
園田繁　様

裏

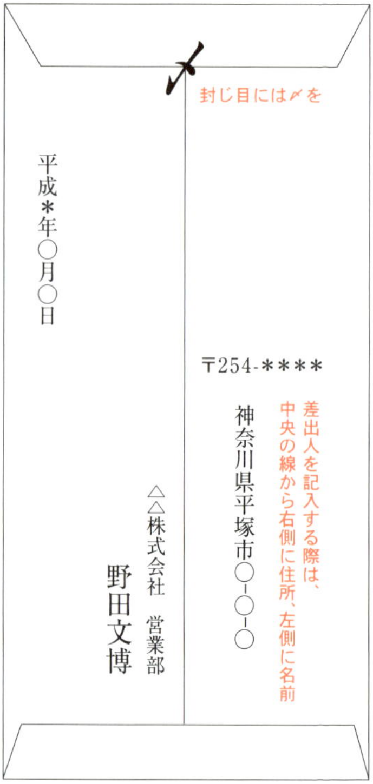
封じ目には〆を
平成＊年○月○日
〒254-＊＊＊＊
差出人を記入する際は、中央の線から右側に住所、左側に名前
神奈川県平塚市○-○-○
△△株式会社　営業部
野田文博

洋封筒の書き方（招待状などで使われる）

表

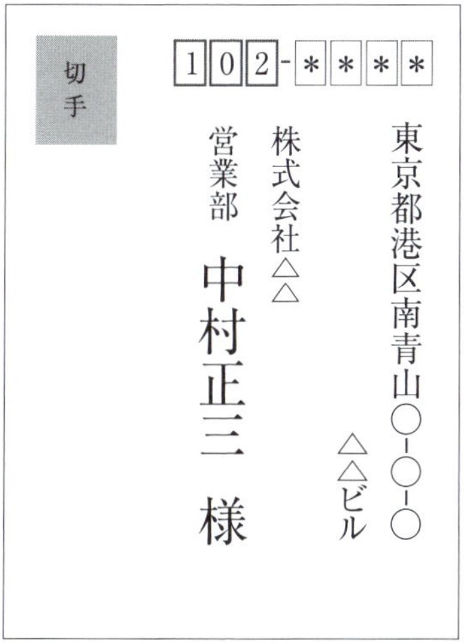
切手
102-****
東京都港区南青山○-○-○
△△ビル
株式会社△△
営業部
中村正三　様

裏

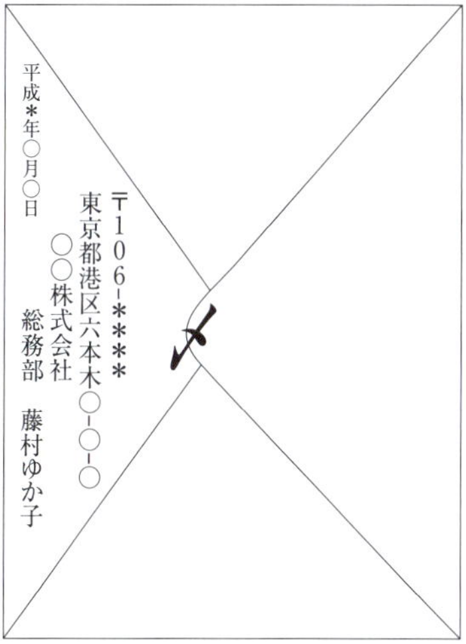
〒106-****
東京都港区六本木○-○-○
○○株式会社
総務部　藤村ゆか子
平成*年○月○日

弔事の場合は封じ目が逆になる

基本のFAX文書

FAX送信票

送信日
○年○月○日

○○株式会社　営業部
送信先　部長　星山靖則　様　FAX番号　03-1111-111*

株式会社○○　TEL番号　03-2222-222*
発信者　総務部　園田かおる　FAX番号　03-3333-333*

本紙を含め、計○枚FAXいたします。

件名

前略　いつもお世話になっております。
商品△△の発注書をお送りいたします。
ご査収くださいますよう、よろしくお願い申し上げます。
草々

FAX文書 3つの注意点

1

- **送信日**
- **送信先**
- **発信者**
- **発信者の連絡先**
- **文書の枚数**
- **件名**

以上をかならず書き込む

2

用件は短く簡潔にまとめる

3

- **「前略」「草々」は、つけてもつけなくてもよい**
- **はじめは「いつもお世話になっております」**
- **おわりは「ご査収くださいますよう、よろしくお願い申し上げます」**

などの言葉が一般的

FAXは、送る前後に
メールか電話で確認をしよう!

2 電子メールのマナー

電子メールは、手紙のように形式的な書き方をするよりも、できるだけ簡潔に、用件だけを伝えるほうがよいとされています。

基本の電子メール

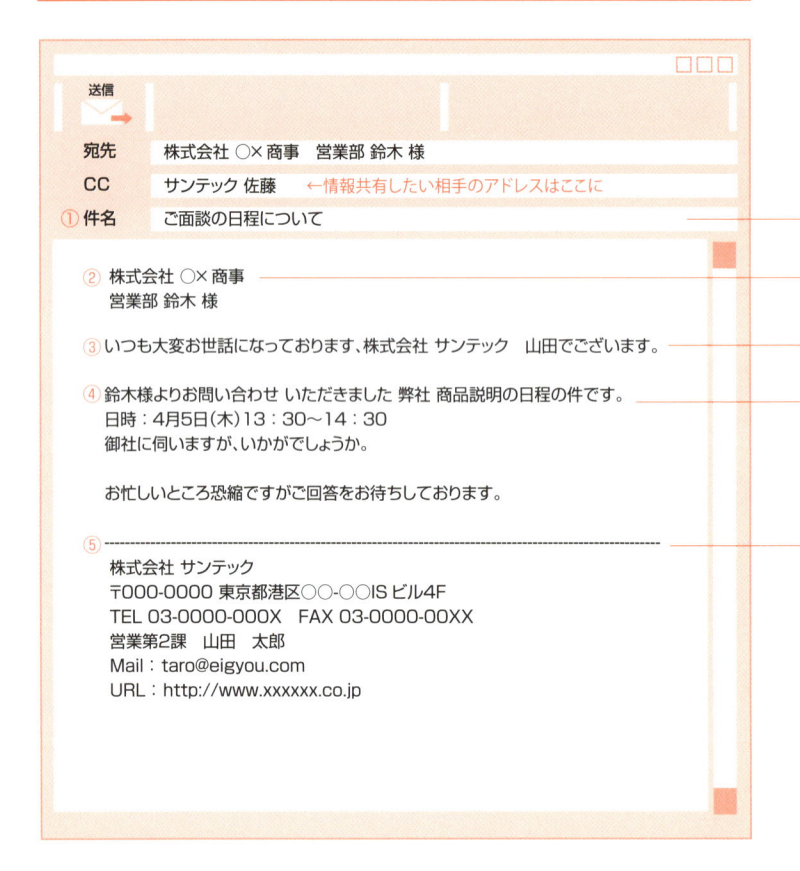

送信

宛先　株式会社 ○× 商事　営業部 鈴木 様

CC　サンテック 佐藤　←情報共有したい相手のアドレスはここに

① 件名　ご面談の日程について

② 株式会社 ○× 商事
営業部 鈴木 様

③ いつも大変お世話になっております､株式会社 サンテック　山田でございます。

④ 鈴木様よりお問い合わせ いただきました 弊社 商品説明の日程の件です。
日時：4月5日(木)13：30～14：30
御社に伺いますが､いかがでしょうか。

お忙しいところ恐縮ですがご回答をお待ちしております。

⑤ ---
株式会社 サンテック
〒000-0000 東京都港区○○-○○IS ビル4F
TEL 03-0000-000X　FAX 03-0000-00XX
営業第2課　山田　太郎
Mail：taro@eigyou.com
URL：http://www.xxxxxx.co.jp

①件名は用件を明確に

わかりやすい件名の例

「新入社員歓迎会への出席確認」

「緊急！　ミーティングの日時変更」

②個人宛のメールには「○○様」と宛名を書く

・本文の冒頭に「○○様」と相手の名前を入れる

・会社名や所属が分かっている場合は「○○株式会社」「○○様」と２行に分けて書く

③頭語、結語、時候のあいさつは不要

・電子メールでは、「拝啓」「敬具」のような頭語や結語、
「時下益々…」などの決まり文句のあいさつは省略する

③本文の書き出しは、まず名前と所属から

・相手にメールを送るのがはじめての場合は、簡単な自己紹介を付け加える
（自分の所属する会社・部署名・担当する仕事の内容など）

④１つのメールに１つの用件が原則

・複数の用件があるときでも、１つのメールに１つの用件にとどめるのが基本

④本文は簡潔に

・見やすくシンプルな本文を心がける

・結論を第１に持ってくる

・形容詞や副詞を多用しない

・５Ｗ３Ｈを確認しながら書く

⑤本文の最後にはシグネチャ（署名）をつける

・自分の名前、所属する会社の情報（部署名・メールアドレス、ＨＰなど）

電子メールの注意点

① 移動日は毎日メールを確認しよう

② 緊急な連絡は、メールではなく電話でしよう

③ 宛先（アドレス）の入力ミスに注意しよう

④ できるだけ短い文書で、要点を簡潔に伝えよう

⑤ 添付ファイルを送るときは、容量に注意しよう

こんなとき どうする？ はじめてメールを送る場合

はじめてのメールを送る相手の場合は、相手のメールアドレスをどのようにして知ったのかを付け加えましょう。

見知らぬ人からメールが届いたら、「この人はどこでわたしのメールアドレスを知ったのだろう」と不審に思われる可能性があります。

【例】「○○社の□□様からのご紹介でメールを差し上げました」

「CC」「BCC」の使い分け方

同じメールを複数の人に送る場合はCCを、送信先のアドレスを知らせたくない場合はBCCを使います。

宛先	対象者
TO	送りたい相手
CC （カーボンコピー）	情報を共有したい相手
BCC （ブラインド カーボンコピー）	情報を共有したいが、 受信者にはわからないように 届けたい相手

CCは、TOの相手に届くメールにも表示される。BCCは表示されない

ついついしていませんか?

お互いの顔が
見えない分、
メールのマナーには
心を配ろう!

- 私用でメールを使う
- 顔文字のメール（ビジネスでは使用しない）
- 文字化けするような、特殊な文字を使う
- 連絡をメールのみで行い、会話を避ける

社内メール ～会議の連絡～

送信

宛先　会議参加予定者

CC

件名　定例会議のお知らせ

関係者各位

来月の定例会議は、下記の日程になりましたので、
スケジュール調整をお願いします。
ご都合の悪い方は、山本まで至急ご連絡ください。

記

1.　日　時　　12月5日(火)　10時～12時
2.　場　所　　第3会議室
3.　内　容
　・通常売り上げ報告
　・新規顧客獲得策について、個々に報告。配布資料がございましたら、
　　12月4日までに、山本までお願いします。

以上

営業部　山本健二
内線番号　0022

社内メール ～忘年会の連絡～

送信

宛先　営業部の全員

CC

件名　忘年会のお知らせ

営業部のみなさま

さて、このたび営業部では、下記の通り忘年会を開催します。
みなさん、ふるってご参加ください。
会場の都合がございますので、
12 月 10 日までに、出欠のご連絡をお願いいたします。
何かわからないことがありましたら、
幹事の高橋裕治までお問い合わせください。

記

1.　日　時　　12 月 20 日(水) 19 時 ～
2.　場　所　　居酒屋○○
　　　　　　　※地図、住所、TEL は、添付ファイル参照
3.　会　費　　4,000 円

以上

営業部　高橋裕治
内線番号　0033

打合せ場所を伝えるメール

送信

宛先　●●会社　営業部　斎藤様

CC

件名　11月15日の打合せの件

●●会社　営業部
斎藤様

いつもお世話になっております。
▲▲商事の栗田です。

先日お約束いたしました
打合せの場所と時間をお知らせいたします。
何か不都合がございましたら、ご連絡ください。

日時：11月15日（月）　14時～15時
場所：喫茶店　ドゥミール
　　（JR線新宿駅南口から徒歩5分ほど）
　　地図、住所、電話番号は添付ファイルをご参照ください。
　　URL　　http://bbbbb.co.jp

では、11月15日、上記の店でお待ちしております。
当日、何かございましたら、下記携帯にご連絡ください。
ご多忙のところご足労をおかけしますが、よろしくお願いいたします。

****
▲▲物産　営業部
栗田優子
東京都千代田区大手町○-○-○
TEL　03-○○○○-○○○○
FAX　03-○○○○-○○○○
携帯　000-0000-0000
e-mail　aa@aaaaaa.co.jp
****

打合せ場所の返信メール

送信

宛先　▲▲商事　栗田様

CC

件名　Re：11月15日の打合せの件

▲▲商事　栗田様

いつもお世話になっております。
●●会社の斎藤です。

××の打合せ場所の件、了解しました。
11月15日(月)、14時に、新宿のドゥミールへお伺いします。
よろしくお願いいたします。

: :
●●会社　営業部
斎藤和也
東京都中央区日本橋○-○-○
TEL 03-○○○○-○○○○
FAX 03-○○○○-○○○○
携帯　000-0000-0000
e-mail　aa@aaaaaa.co.jp
: :

----- Original Message -----
From: " 斉藤和也 " aa@aaaaaa.co.jp
To: " 栗田優子 " aa@aaaaaa.co.jp
Sent: Wednesday, Novemuber 06, 200X 12:08 PM
Subject: 11月15日の打ち合わせの件

> 先日お約束いたしました
> 打合せの場所と時間をお知らせいたします。
> 何か不都合がございましたら、ご連絡ください。
>
> 日時：11月15日(月) 14時～15時
> 場所：喫茶店　ドゥミール
> 　　　(JR線新宿駅南口から徒歩5分ほど)
> 　　地図、住所、電話番号は添付ファイルをご参照ください。
> 　　URL　　http://bbbbb.co.jp
>
> では、11月15日、上記の店でお待ちしております。
> 当日、何かございましたら、下記携帯にご連絡ください。
> ご多忙のところご足労をおかけしますが、よろしくお願いいたします。
>
>
> **************************
> ▲▲物産　営業部
> 栗田優子
> 東京都千代田区大手町○-○-○

column

デジタル時代だからこそ、手書きのお礼状を書こう

　文書やメールに慣れている今だからこそ、手書きの手紙からは書き手の心が伝わるものです。誰かにいただきものをしたり、とてもお世話になったときは、メールよりも手書きでお礼状をしたためたほうが、気持ちが相手に伝わるのではないでしょうか。

　目上の人には封書で出すのが通例ですが、お礼状ならハガキでもかまいませんし、便せんを使うからといって、何枚も書こうとしなくてもよいのです。文章量よりも、早く送ること（3日以内）を意識します。

手書きの手紙で、あなたの心を届けましょう。

column

PART 6

冠婚葬祭のマナーを身につけよう

1．結婚式のマナー
2．訃報を受けた際の対応
3．食事の席次のマナー
4．西洋料理のマナー
5．和食のマナー

1 結婚式のマナー

招待状の返事は早めに書こう

披露宴の料理や引出物の数を決めなくてはならないので、招待状はすぐに返信しましょう。出欠のメドがたたないときは、電話連絡をするのがマナーです。ハガキには、「おめでとうございます」といったお祝いの言葉を添えます。欠席の場合はお詫びの言葉も忘れないように。欠席理由は正直に書くと、かえって失礼になるので、「誠に残念ながら、都合により欠席させていただきます。」にとどめます。

一番大切な3ポイント

1. 出欠の返事は早めに
2. 返信用ハガキには、お祝いの言葉を添える
3. 欠席理由は細かく書かない

返信例

欠 席

裏

~~御出席~~

~~御~~欠席（「欠席」を丸で囲む）

この度はまことにおめでとうございます。
お招きいただき、
ありがとうございます。
誠に残念ながら、都合により
欠席させていただきます。

~~御~~住所　東京都○○区△△町□－□

~~御芳~~名　中村　一郎

出 席

裏

「寿」で
消すのも可

~~御~~出席（「出席」を丸で囲む）

~~御欠席~~

ご結婚おめでとうございます。
お招きいただき、
ありがとうございます。
喜んで出席させていただきます。

~~御~~住所　東京都○○区△△町□－□

~~御芳~~名　中村　一郎

表

□□□ □□□□

東京都○○区△△町□

山田　太郎　~~行~~　様

忌み言葉に注意

去る	割れる
切れる	流れる
戻る	重ね重ね
別れる	たびたび
離れる	またまた
終わる	こわれる
破れる	

使わないよう
気をつけよう

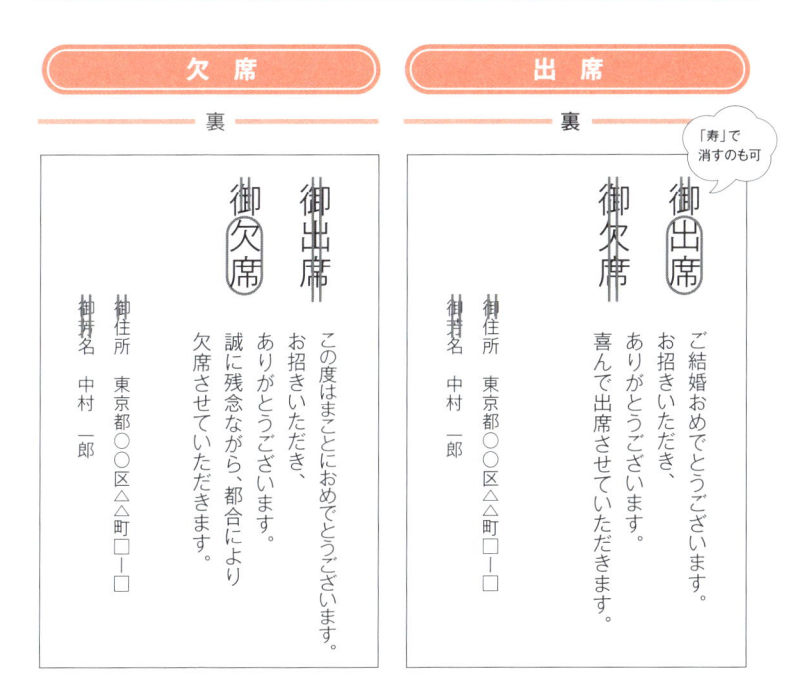

ご祝儀の相場と渡し方

ご祝儀の金額は、1、3、5といった割り切れない数字が縁起よいといわれています。ご祝儀は1週間前までに手渡すものですが、最近は当日、受付に預けるのが一般的です。ご祝儀袋はむき出しではなく、ふくさに包んで持っていき、受付でふくさから祝儀袋を出し、お祝いの言葉を述べながら渡すのが礼儀です。

ご祝儀の目安	
上　司	3~5万円
同僚・友人	2~3万円
部　下	2~3万円

ご祝儀を渡す際のマナー

祝儀袋は、かならずふくさに包んで持参します。ふくさがない場合はふろしき、金封入れなどで代用してもよいでしょう。慶事と弔事では、包み方が逆になります。

また、新札を用意し、お札の向きはそろえましょう。

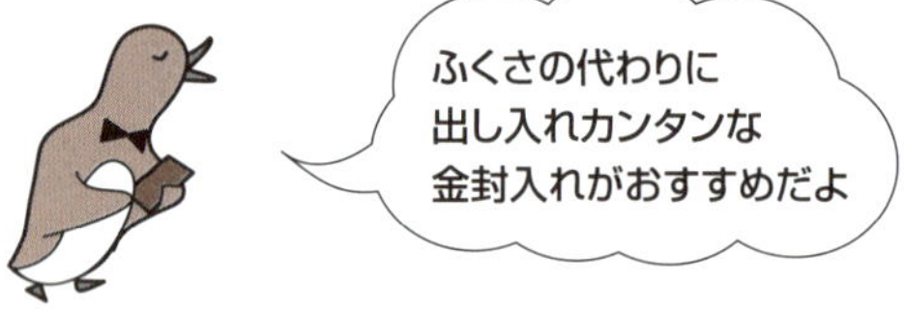
ふくさの代わりに
出し入れカンタンな
金封入れがおすすめだよ

ご祝儀袋の書き方

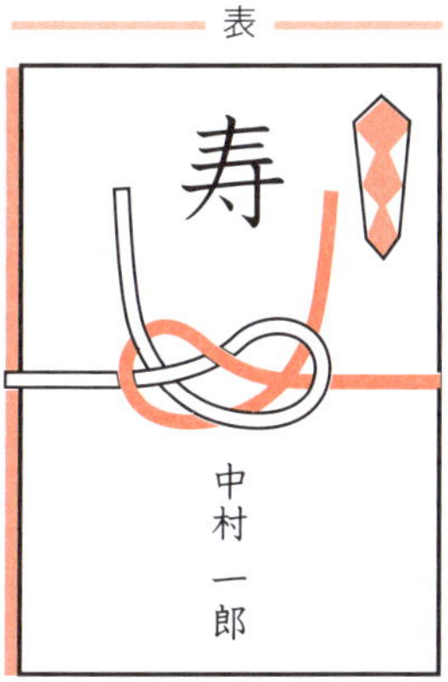
表
寿
中村一郎

裏

喜びは受けるので、下を上に重ね、弔事は悲しみを流すので上を下に重ねる。

表書き

表書きには、「寿」「御祝い」「結婚祝い」がある。

水引

色ではなく、飾りの豪華さで使い分ける。チョウチョウ結びはほどけてしまうため結婚式には×。右図の結び方を「結び切り」といい、2回ないことを表す。上に向いているのには「ますます栄える」という意味がある。

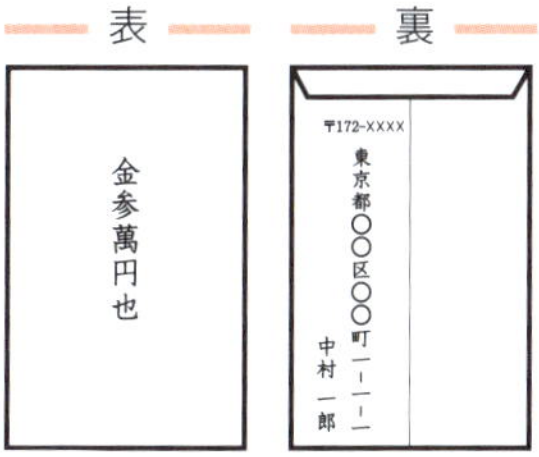
表
金参萬円也
裏
〒172-XXXX
東京都〇〇区〇〇町一-一-一
中村一郎

名前

自分の名前を書く。表書きより少し小さめに描く。

数字の書き方

一→壱、二→弐、三→参、十→拾、万→萬

慶事のふくさの包み方

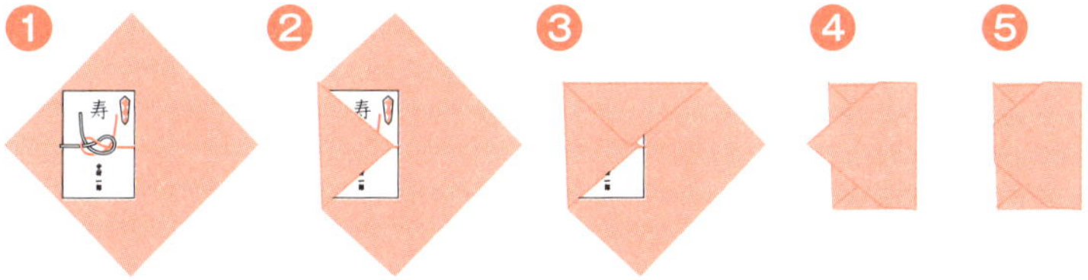
1
2
3
4
5

1. ふくさの少し左に、祝儀袋を表にしておく。
2. 左からふくさを包む。
3. 上→下の順に重なるよう包む。
4. 右側を重なるよう包む。
5. はみ出した角を下に折り込む。

赤色・朱色が一般的、紫色は弔事にも使える

当日は、恥をかかない服装を意識しよう

一般的な披露宴では準礼服が基本です。男性ではブラックスーツ、女性はカクテルドレスや訪問着を指します。男性の正装は、モーニングやタキシード、女性はアフタヌーンドレスや黒留め袖などです。主役は新郎・新婦ですから、目立ちすぎないファッションを心がけましょう。

男 性

1. ブラックスーツ、白やシルバーグレーのネクタイ
2. 白か淡い色味のシャツ
3. 革製の黒い靴が一般的

女 性

1. 白い服は避ける
2. 挙式(とくに教会式)では肌の露出は控えめに
3. 夕方以降は肩の出るドレスにショールなど
4. アクセサリーはフォーマルの際はつけるのが正式

注意しよう!

- 平服＝普段着ではない

- 白いドレス、または新婦より派手な服装はNG
- 昼間の結婚式では光るアクセサリーは避ける
- 素足にミュールは×

- 光りものと、ヘビ革などの爬虫類系の小物は殺生を連想させるのでNG!

2 訃報を受けた際の対応

訃報が届いたら…

訃報が入ったら、故人が仕事関係者の場合は、まず上司に報告し、会社の指示に従います。友人や同僚など、親交が深い人の場合は、ただちに弔問に駆けつけ、通夜・告別式に参列します。

会社関係者、一般の会葬者の場合は、告別式に参列するのが普通ですが、通夜に出席してお別れをしても失礼にはなりません。また、遅刻は厳禁。遺族に失礼のないよう、きちんとしたマナーを心がけましょう。

お通夜

遺族・親戚・ごく親しい友人が参列

告別式

個人と縁のあった一般の会葬者が参列

参列できないときは…？

なんらかの事情で葬儀に参列できないときは、弔電を打ちましょう。喪家は葬儀の準備、連絡に忙しいので、電話でのお悔やみは避けます。香典は代理人に依頼するか、葬儀後すみやかに弔問に伺うか、現金書留で郵送します。郵送するときは、参列できなかったお詫びを書いた手紙をかならず添え、先方が落ち着いた頃を見計らって、電話でお悔やみを伝えましょう。

お悔やみの席での服装

男 性

通夜は急いで駆けつけるという意味もあるので、紺やグレーの地味なスーツに黒のネクタイを締めれば失礼にはなりません。しかし、告別式に参列するときは黒の礼服か、ダークグレーのスーツに黒ネクタイ、黒靴下を着用します。

女 性

弔事の服装は、悲しみを表す「黒」が基調です。通夜は、地味な色合いの肌を露出しない服装で。アクセサリーはパール以外のものは避けましょう。告別式は、黒のワンピースかツーピース。ハンドバッグ・靴も黒で統一します。

香典の相場と渡し方

香典は、仕事関係者・友人・知人なら5,000円～、親戚・親しい友人は1万円～が目安です。通夜か告別式に出席する場合は、受付に香典を渡して、自分の名前を記帳します。通夜と告別式の両方に出席する場合は、通夜のときに香典を渡し、告別式は記帳だけでかまいません。香典はふくさに包んで持参し、受付で表側を上にして開き、不祝儀袋の表書きの名前を相手側に向けて差し出します。

仕事関係者
友人
知人
↓
5000円～

親戚
ごく親しい友人
↓
1万円～

※新札は、「準備していた」という印象を与えるので避け、お札の向きはそろえる

不祝儀袋の種類

葬儀全般（仏式）

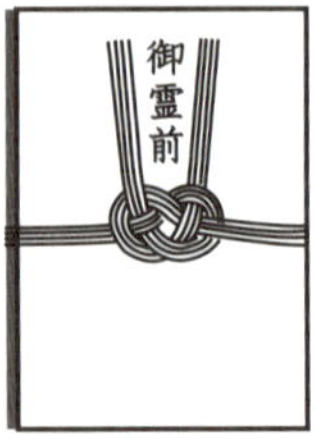

白無地に黒白、または銀の結び切りの水引きに「御霊前」と書かれたものは、どの宗教にも共通で使える。
49日の法要以降は「御仏前」を使用。

神　式

白無地の封筒に黒白、または銀の結び切りの水引きで、表書きは「御玉串料」「御榊料」「御神前料」など。

キリスト教式（カトリック）

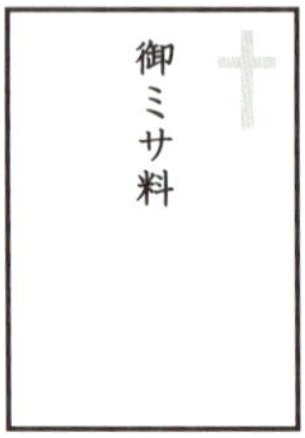

水引のない金封を用いる。表書きは白封筒に「お花料」「御ミサ料」。

キリスト教式（プロテスタント）

白封筒に「お花料」と記載。花の絵のついた専用封筒がなければ、普通の白封筒を用いる。

表書きの名前記入方法

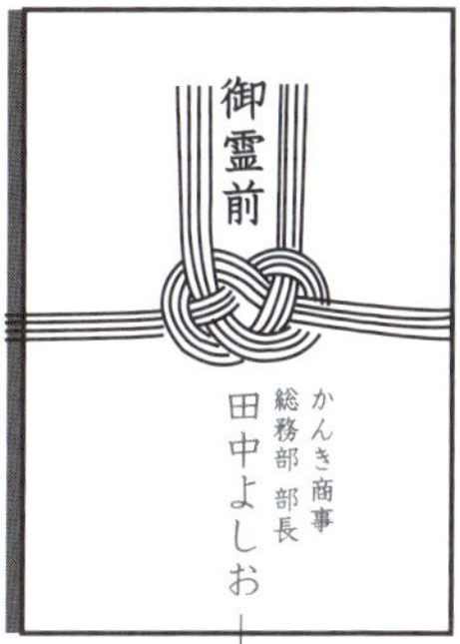
御霊前
かんき商事
総務部 部長
田中よしお

薄墨で記入する

仕事関係者

自分の名前の右斜め上に、小さな字で会社名·役職名を記入する。

連名

連名の場合は、下段の中央から、目上の人から順に記入する。ただし、最近は、真ん中の人の名前が中央にくるのが一般的。

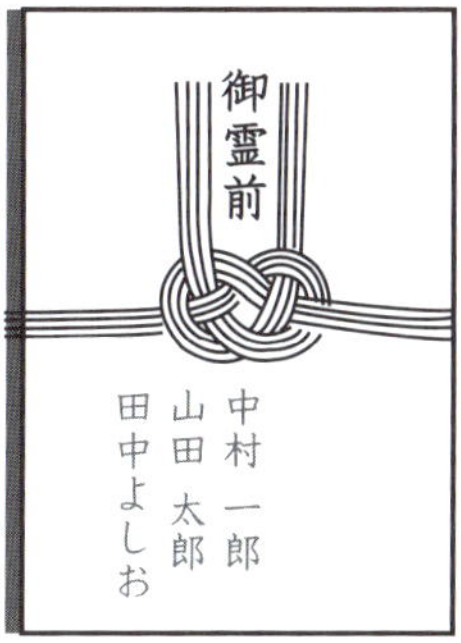
御霊前
中村 一郎
山田 太郎
田中よしお

友人·知人

香典袋の下段中央に、自分の名前をフルネームで記入。裏面は、悲しみを流すため上を下に重ねる。さらに中袋の裏面に住所と名前を書き入れる。

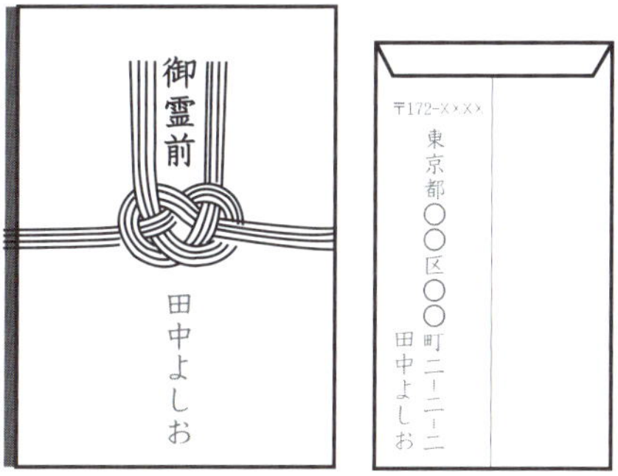
御霊前
田中よしお
〒172-XXXX
東京都〇〇区〇〇町二ー二ー二
田中よしお

弔事のふくさの包み方

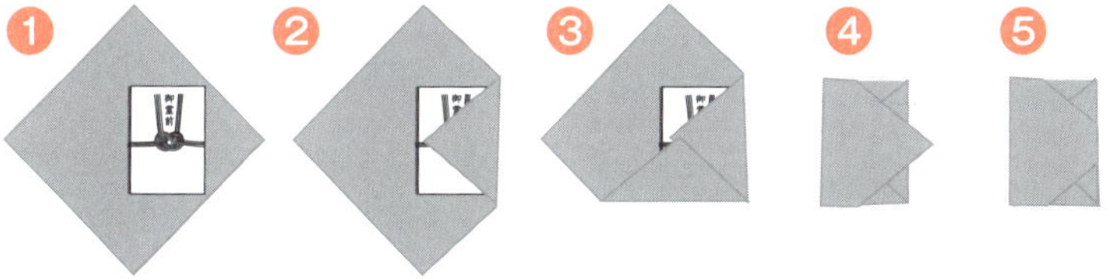

1. ふくさの少し右に、不祝儀袋を表にしておく。
2. 右からふくさを包む。
3. 下から上の順に重なるよう包む。
4. 左側を重なるよう包む。
5. はみ出した角を上に折り込む。

焼香の仕方（仏式）

❶ 次席の人に会釈をして前に進む。
遺族、僧侶に黙礼してから祭壇に進み、一礼して合掌。

❷ 香は右手の親指、人差し指、中指でつまむ。

❸ 右手を目の高さに上げ、香炉に入れる。

❹ これを3回繰り返す。（宗派によって違う）

❺ 合掌して頭を下げる。

❻ 席を立って戻る。

お悔やみ言葉のかけ方

悲しみのなかにいる遺族に、お悔やみを述べるのは難しいものです。遺族にお悔やみの言葉を述べるときは、悲しみを深めないよう、言葉少なにあいさつしましょう。遺族と初対面のときは、自己紹介や故人との関係を簡単に述べてから、「このたびは、まことにご愁傷様でした」という程度に抑えておきます。ぎこちなくても、言葉が少なくても、心をこめれば哀悼の意は伝わります。

お悔やみ言葉

「このたびは、まことに
ご愁傷様でした。
御霊前にお供えください」

「突然のことで、驚いております。
ご冥福をお祈りしております」

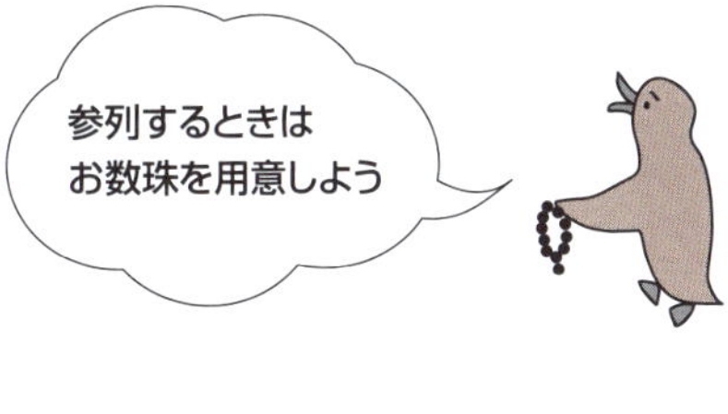

3 食事の席次のマナー

上座と下座があることを覚えておこう

座る位置には上座と下座があります。打合せやお食事の場など、とくに気を使わなければなりません。原則は「お客様が上座（奥）、自分たちは下座」と覚えておきましょう。お客様には上役の方から順に座っていただきます。お客様をご案内し終わったら、あなたの上司の中でも立場が上の人から順に、座っていきます。

和室の場合

和室の場合、床の間の前が上座です。原則は出入り口に近い席が下座のため、床の間がない場合は入口から遠い奥の席が上座とされています。

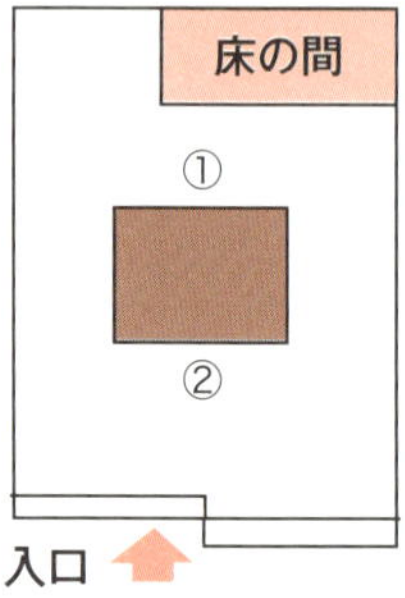

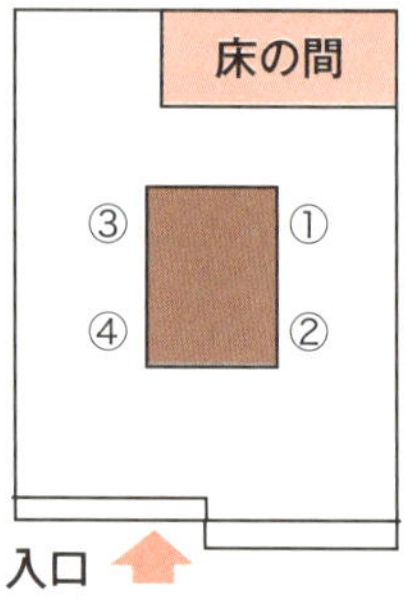

洋室の場合

洋食の場合、女性と目上の人が上座に座ります。

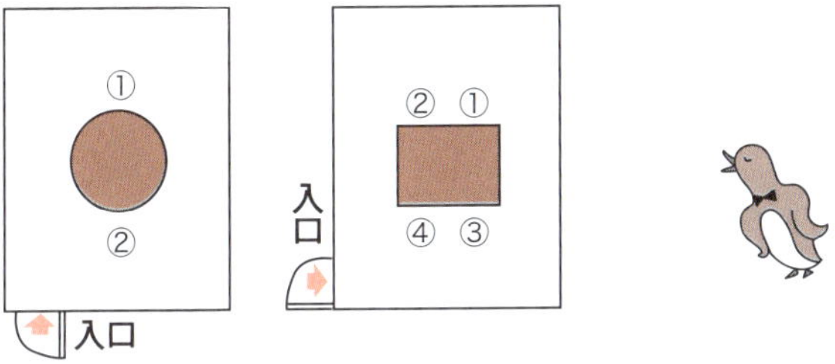

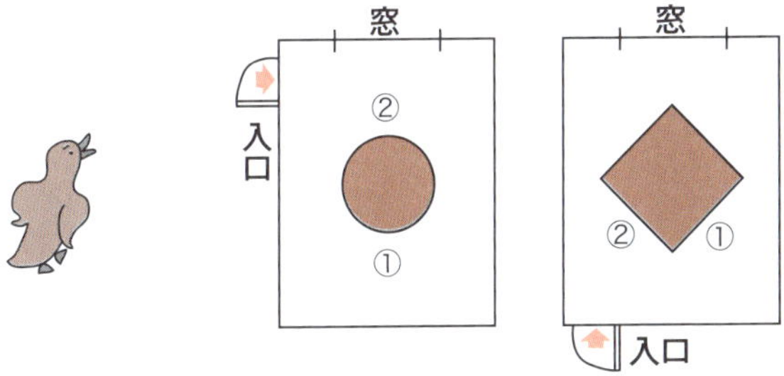

円卓の場合

中国料理の場合も出入り口から遠い席が上座となります。

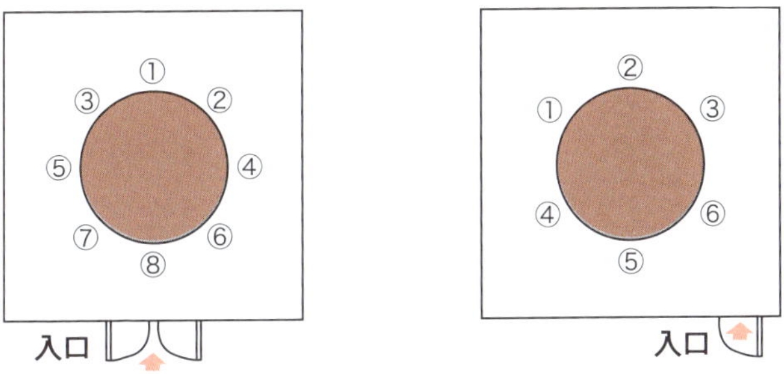

4 西洋料理のマナー

食べ方も見られている

社会人になると、仕事の関係者と食事を共にする機会があります。そんなとき、まごついてしまったら…。一緒に食事をする人に不快感を与えず、気持ちよく料理を味わうために、テーブルマナーの基本は押さえておきましょう。

フォークとナイフの置き方

食事休み

ハの字に置くと、まだ食事中というサインになる。

食事終了

このように置くと、食器類をさげられ、次の料理が運ばれてくる。

ナプキンの使い方

食事をはじめる

二つ折りにしたナプキンの山のほうを手前にして置く。

食事の途中

トイレなどで席を立つときは軽くたたんでイスの上に置く。

食事を終える

ナプキンをテーブルの上に置けば食事終了のサイン。折りたたまなくてもOK。

口を拭くとき

手や口についた汚れは、ナプキンの角（二つ折りにした上の角裏）で拭く。

フルコースのテーブルセッティング

❶シャンパングラス
❷白ワイングラス
❸赤ワイングラス
❹冷水用グラス
❺オードブル用ナイフ、フォーク
❻スープスプーン
❼魚料理用ナイフ、フォーク
❽肉料理用ナイフ、フォーク
❾バターナイフ
❿アイスクリームスプーン
⓫フルーツナイフ
⓬フルーツフォーク
⓭ティースプーン
⓮位置皿
⓯パン皿

フルコースのメニュー

1. **アミューズ**
2. **オードブル**
3. **スープ**
4. **魚料理**
5. **口直しのシャーベット**
6. **肉料理**
7. **デザート**
8. **コーヒーまたは紅茶**

"位置皿"とは、ゲストが
どこに座るかがわかるように
置いておくお皿のことだよ

テーブルマナーの基本

パン

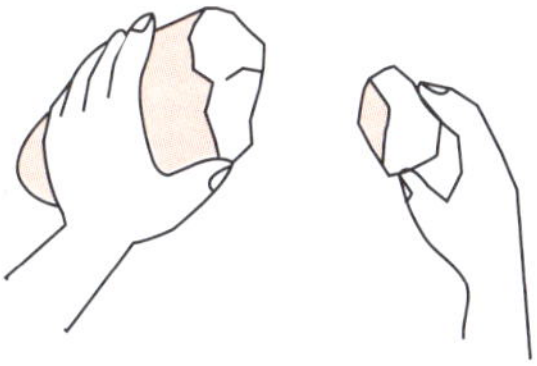

皿の上でひと口程度にちぎって食べる。バターなどは専用のナイフを使って取り、ちぎったパンにのせる。

肉料理

フォークで肉を押さえ、ナイフで左から切っていく。

魚

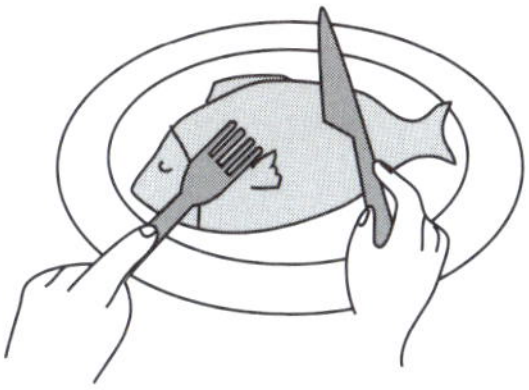

フォークで魚を押さえ、頭から尾にかけてナイフを身と骨の間に入れて上身を切り離す。その後ひと口に切る。

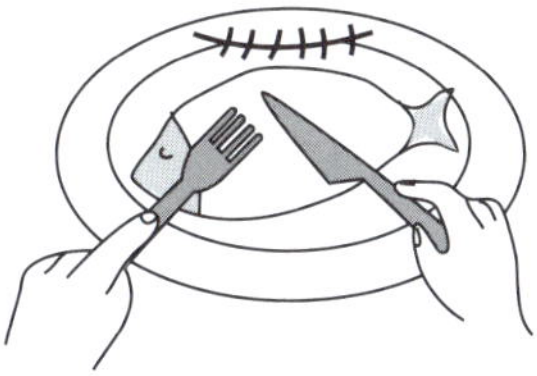

下身は骨をはずしてから、ひと口に切る。骨は皿の上に。

スープ

奥から手前にすくうのがフランス式。手前から奥へすくうのがイギリス式。スプーンは、食べ終わったら、スープ皿の中に置いたままでOK。

5 和食のマナー

箸をしっかり使おう

和食を食べるときの大切なテーブルマナーのひとつに、箸の持ち方があります。箸をきちんと使えるだけで、所作が美しくなり、スマートに見えます。逆に、間違った箸の使い方は、「忌み箸」「嫌い箸」と言われ、とくに年配の方から敬遠されます。ビジネスパーソンとして恥ずかしくないように、正しい箸の持ち方をマスターして、気持ちよく食事をしましょう。

箸の持ち方

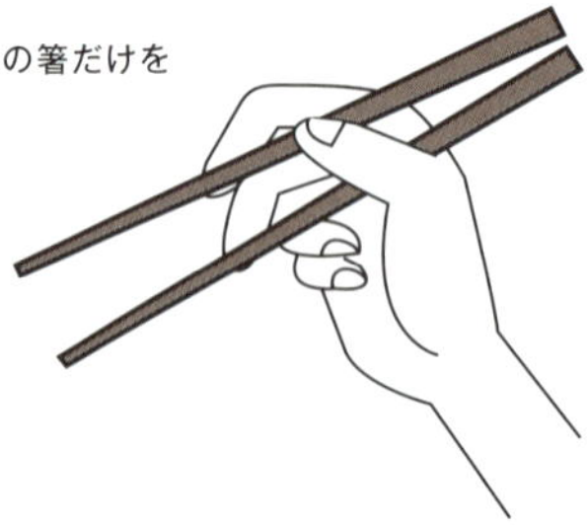
使うときは上の箸だけを動かす。
箸の頭から1センチ程度離れた場所を持つ。
上側の箸は、親指と人差し指、中指の3本で持つ。

箸の取り上げ方

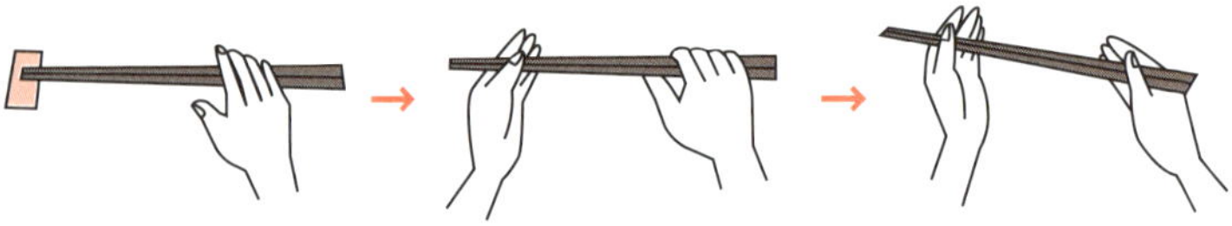

箸の中央を右手で持ち上げる。 → 箸を支えるように左手を添える。 → 右手を持ち替える。

正しい食べ方

箸の置き方

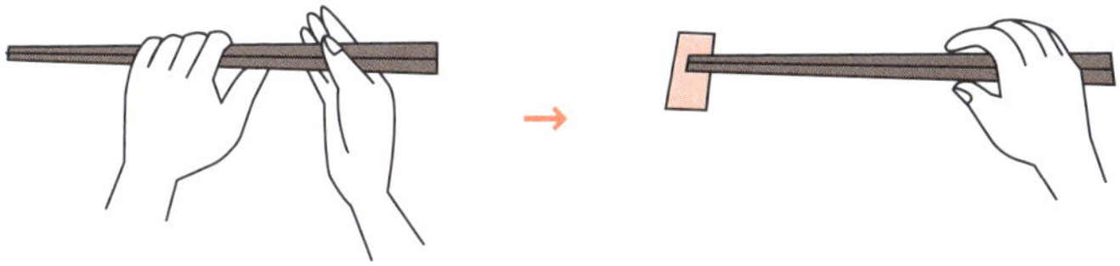

右手に持っている箸の中央を
左手でつまむ。

右手の向きを変えて持ち替え、
箸置きに置く。

吸い物

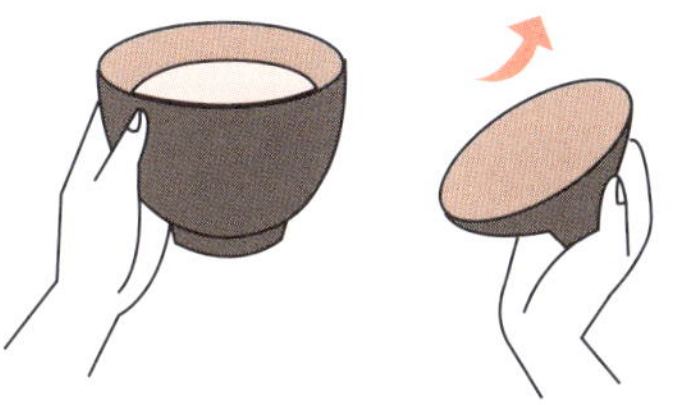

左手でお椀を持ち、右手で静かにふたを仰向けにする。ふたはお椀の右側（もしくはななめ右）に置く。

魚

上身を食べ終え、下身を食べる際に魚をひっくり返すのはタブー。箸で、尾を上にポキッと折ってから、頭に向けて骨をはずす。
または、頭のほうの骨を左手で押さえながらはずし、頭と骨を身の向こう側に置く。

洋食マナーの常識・非常識

コーヒーカップのソーサーは
持ち上げない

ビールを注ぐときは
ラベルを上にして両手で

小さなバッグは背もたれと腰の間、
大きなバッグは床に置く

ナプキンは、最初のオーダーが
終わったらひざに広げる

和食マナーの常識・非常識

素足で座敷に上がるのはNG!

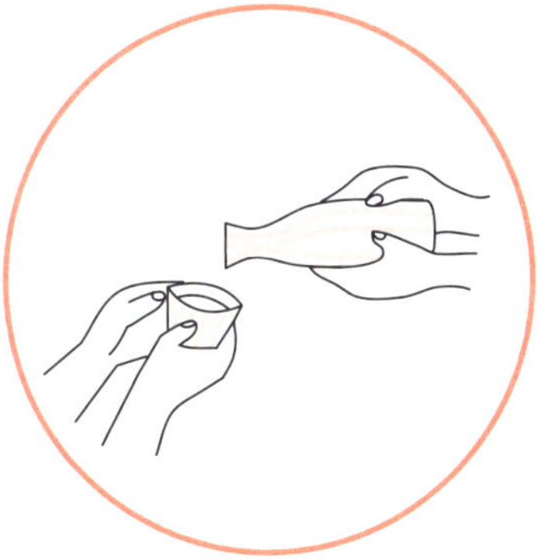

両手でとっくりを持ち、
注ぎ口を杯につけず八分目まで注ぐ

手を皿のように下に添えない

箸先をなめる“ねぶり箸”は
みっともないので×

column

美しい歩き方のポイントは体重移動にあり

社会人になると、さまざまなシーンに遭遇します。シーンによって、服装は意識して変えることができますが、意外とおざなりになっているのが「歩き方」です。歩き方がだらしないと、魅力も半減してしまうもの。しかし、自分ではなかなかチェックしづらいため、直しにくいものです。

なかでも、足を引きずるように歩く姿が多く見受けられます。これは、体重移動が遅いのが原因です。歩くときのポイントは、足を１歩前に出すタイミングで体重を前足に移すこと。足を出すごとに、前足、前足、と意識して早く重心移動させていると、自然と歩き方は美しくなります。

美しい歩き方を身につけて、
ワンランク上の社会人を目指しましょう。

column

エピローグ

ここまでご覧いただき、いかがでしたか？

最後に、みなさんにどうしてもお伝えしたいことがあります。「マナー」とは、人に言われたから身につけるものではなく、「なりたい自分」になるために必要な「スキル」のひとつなのです。「なりたい自分」がはっきりすると、仕事に対する姿勢や毎日の生活が、見違えるようにイキイキしてきます。

ここからは、視点を変えて、自分が将来どんな社会人になりたいかを考えてみましょう。

夢をかなえる ドリームマップをつくろう！

　ドリームマップとは、あなたの夢をかなえる「夢の地図」です。社会人になり、新しい生活がスタートしました。慣れない仕事に追われ、ついつい目の前にある仕事を片付けることだけで精一杯になっていませんか？

　ドリームマップを使って、今、目の前にあるこの仕事が何のために行われているのか？　自分の今後のキャリアにどう役立っていくのか？　など、目標（夢）を明確にし、「なりたい社会人」への一歩を踏み出しましょう。

＊ドリームマップは、一般社団法人ドリームマップ普及協会の登録商標で、将来なりたい自分の姿をビジョン化し、台紙の上に写真や文字で表す自己実現のための目標達成ツールのことです。

準備するもの

○文房具（カラーペン・はさみ・のり）
○写真・雑誌の切り抜き

〔集める写真の例〕
・住みたい家などの写真
・行きたい旅行のパンフレット
・あこがれの人物の写真
・大切にしたい家族・友人・チームなどの
　メンバーの写真
＊写真や雑誌の切り抜きは、
　切り取って台紙に貼りつけます

1 夢（目標）をかなえるワン・ツー・スリーの法則

夢（目標）をかなえるためには、①現状を分析する。②魅力的で具体的な夢（目標）を描く。③そのための行動・手段を考える。この３つのステップが重要です。

この考え方は、カーナビのシステムに似ていますよね？　①エンジンをかけると、GPSで現在地を確認。②自分の行きたいところを具体的に設定。③カーナビがルート検索をしてくれるので、その指示に従って運転する。

じつは、わたしたちの脳にも③のルート検索の機能が備わっているのです。自分をしっかり分析して具体的に夢を描くと、そのために何を行動したらいいか？　どのような手段をとればいいか？　などアイデアが浮かんできます。その浮かんできたアイデアをそのまま実行していれば、いつの間にか、夢（目標）はかなっているのです。

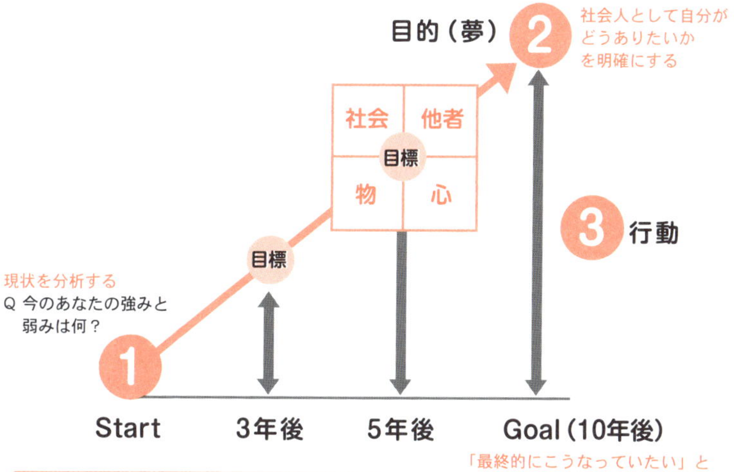
目的（夢）
2
社会人として自分がどうありたいかを明確にする
社会
他者
目標
物
心
3
行動
目標
現状を分析する
Q 今のあなたの強みと弱みは何？
1
Start
3年後
5年後
Goal（10年後）

「最終的にこうなっていたい」という理想を立て、そこから徐々に近い未来ならどうなっていたいのかを、掘り下げて考えていく。

目的が決まると目標が決まります。10 年後のゴールにたどりつくために、5 年後の自分はどうなっている? 3 年後の自分は? と考えます。

2　目標は数字にして表そう

→数字にしなければ目標がぶれてしまう

たとえば「1位になる」「売上げ○○○万円達成」など、

数字を明確にしたほうが目標が具体的になり、

それに近づこうとして、アイデアが湧きます。

例）
プチセレブプロジェクト　会員数500名
プチセレブプロジェクト　会員がたくさん集まっています

上記の２つの文のうち、どちらの目標が、より明確でしょうか？「たくさん」という言葉は、人によってとらえ方が違います。10名でもたくさんと考える人もいれば、500名ではじめてたくさんと感じる人もいるでしょう。①誰が聞いても同じ認識をもってもらえる目標を立てること、②あなた自身の価値観や目標をぶれないものにするために、目標は数字にして表しましょう。

注）数字をともなった目標は、ときに自分自身にプレッシャーを与えます。そんなときは、目標がかなったときに手に入るものや状態など、ワクワクする夢をドリームマップにはっきり描いておくと、モチベーションが持続します。

3　ドリームマップ 4つの視点

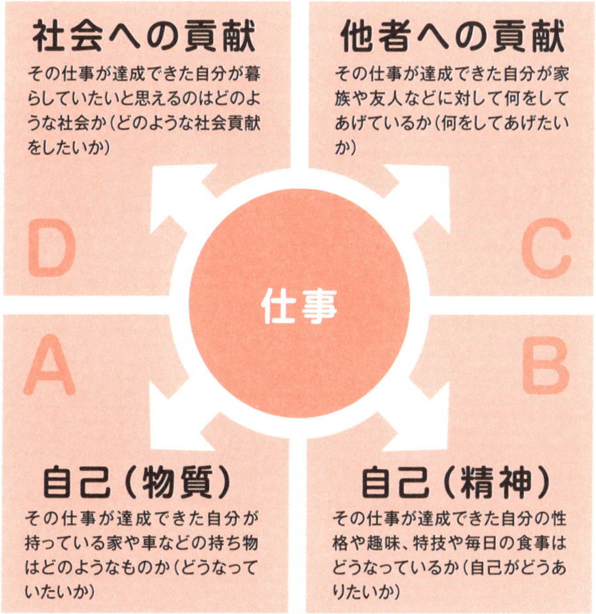
社会への貢献
その仕事が達成できた自分が暮らしていたいと思えるのはどのような社会か（どのような社会貢献をしたいか）
他者への貢献
その仕事が達成できた自分が家族や友人などに対して何をしてあげているか（何をしてあげたいか）
D
C
仕事
A
B
自己（物質）
その仕事が達成できた自分が持っている家や車などの持ち物はどのようなものか（どうなっていたいか）
自己（精神）
その仕事が達成できた自分の性格や趣味、特技や毎日の食事はどうなっているか（自己がどうありたいか）

仕事の報酬は、A自己（物質）、B自己（精神）、C他者への貢献、D社会への貢献、という4つの側面があります。この4つの視点でドリームマップをつくります。

なぜ4つの側面で考える必要があるの？

自己（物質&精神）のHappyにとどまらず、他社&社会をHappyにする夢の実現を目指すことで、バランスのよい社会人になることができます。

反対に、社会やまわりの人だけが喜んであなた自身が満たされない夢の場合、行動を起こすときに、やる気が持続しないこともあります。自分もまわりもHappyになれる夢を描きましょう。

4 ありのままの自分を書き出してみよう

自己イメージを書き出し、マイナスイメージのものをプラスに置き換えてみましょう。

例）わたしはワガママです → わたしは強い意志をもっています

ものごとのとらえ方はすべて、コインの裏表です。プラスの部分を見るか、マイナスの部分を見るかは、本人の考え方が影響しています。夢（目標）をかなえるためには、「わたしはその夢（目標）をかなえることができる！」と信じることも大切です。マイナスの自己イメージはプラスに置き換えてみましょう。

－ わたしはワガママです	→	＋ わたしは強い意志を持っています
－ わたしは人の視線を気にしがちです	→	＋ わたしは人の意見をよく聞きます
＋ いつも前向きです	→	□
□	→	□
□	→	□
□	→	□
□	→	□

5 自分の強みを知ろう

あなたが「できること（能力）」「したいこと（動機）」「必要とされていること（意味）」を考えてみましょう。

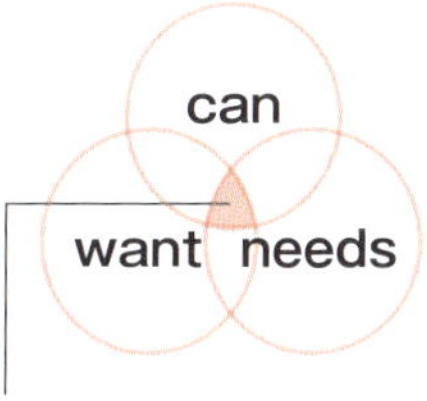

can・want・needs の３つの円がすべて重なっている部分があなたの本当にやりたいことです。この重なる部分を見つけましょう。

Q.自分は何が得意なのか？(=can)

Q.自分はいったい何をしたいのか？(=want)

Q.何をしている自分なら、会社や他者や社会に役立っていると実感できるのか？(=needs)

例）松本昌子

すべての子どもが“生まれてきてよかった”と笑顔で言える社会を創る

6 理想の自分像を書き出そう

すでに、理想の自分になって、夢がかなっている状態をイメージしてください。何が起こっているのかを具体的に言葉にして、箇条書きで記入してみましょう（20個書ければ理想的です）。

・感謝状を1カ月に10通いただいています

・部署で1番の評価をいただいています

・毎日仕事を定時で完了させています

・まわりの人からいつもありがとうと言われています

7 ドリームマップの下書き&作成!!

いよいよドリームマップを作成します。夢がかなったつもりになってください。ドリームマップに記入する言葉は、①現在形もしくは過去形であること。②肯定文であること。③具体的な言葉であることを認識しましょう。

例：×戦争のない社会 →平和な社会

1

ドリームマップの下書きを書く用紙を用意

2

中央の丸にキャッチコピー（目標）を書き込む

例)・20××年×月　年間契約数100社!キャリアウーマンな広報リーダー　・営業成績No1!お客様からも、部下からも慕われています

3

その夢（目標）がかなったとき、自分、まわりの人、社会がどうなっているかを具体的に記入

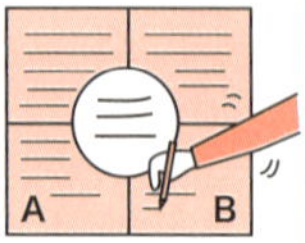

4

その状態を表す写真や、雑誌の切抜きを準備

5

下書きにもとづいて、写真をレイアウトして文字を入力

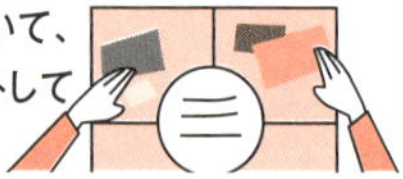

現在形、または現在完了形になっているか？肯定的な表現を使っているか？　具体的な言葉になっているかを確認します

6

完成!

完成!　ドリームマップ!!

社内で新しい企画を任された美穂さん(27歳)のドリームマップ例
1年後に、女性が充実した生活を送るためのサービスを提供する
“プチセレブプロジェクト”の会員集めを成功させるのが目標

仕事は、あなたの夢をかなえるための手段のひとつ。夢をもって仕事をするとあなた自身が満たされます。仕事をすることで社会貢献もできます。そういった他者への貢献があるから、協力してくれる人がまわりに集まってきます。このような考え方をすると、よい循環が生まれます。

1年後の自分のキャリアデザインを描こう!

学生時代は、学校のカリキュラムに沿って学習していくことができました。でも、社会人になると、自分自身の将来の目標や、なりたい自分になるために自分で何を身につけるか、何を勉強するかを、あなた自身で決めていかなければなりません。また、会社が求める人財になる努力も必要です。

１年後、３年後、５年後、生涯…と、夢や目標を明確に持ち、積極的に自分自身を成長させていきましょう。

Q. この1年間、あなたが身につけたいこと、挑戦したいことは何ですか?

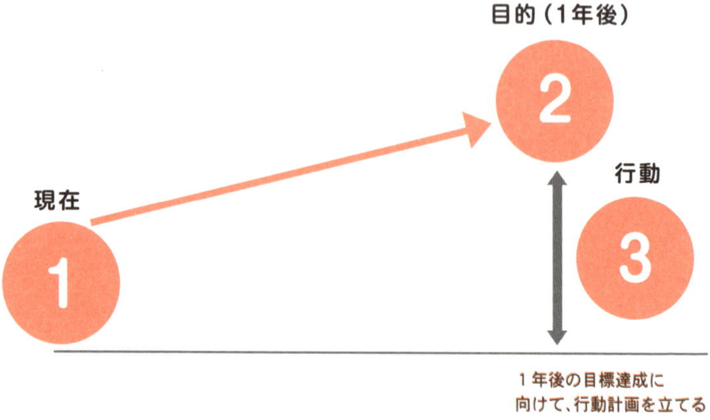
目的（1年後）
2
行動
現在
1
3
１年後の目標達成に
向けて、行動計画を立てる

1年後のなりたい自分を書き出してみよう！

1年後の目標
まずは目標を書き出してみよう！

［目標］

例

［目標］　1、お客様との電話応対がスムーズにできています
2、お客様との商談も自信をもって行っています
3、お休みの日は、趣味のヨガを楽しんでいます
4、年に1回リフレッシュ休暇をとって、旅行に出かけています

アクションプランシート

P.187の目標を達成するための行動計画を立ててみよう。

目標

例）お客様との電話対応がスムーズにできている

行動計画	期日チェック
社内研修のときに使った電話応対のテキストを練習し、積極的に電話に出る	毎　日
電話の横に鏡を置いて、笑顔で電話に出る	毎　日
滑舌をよくするために、早口言葉の練習をする	出勤前
対応で困ったときのQ&Aをつくる	その都度

行動計画は具体的で
今日からできる!
わたしにもできる!
お金をかけないでできる!
ことがポイントです。

目標

行動計画	期日チェック

memo

ここまで読んでくれて
どうもありがとう!

【著者紹介】

松本　昌子（まつもと・あつこ）

◉——愛知県常滑市出身。高校卒業後、１年間ニュージーランドに語学留学。帰国後、生命保険の営業、英語教材販売など営業職を経験。その間に司会養成学校に通い、30代半ばまで司会業に従事。その後、コーチングやＮＬＰを学び、2006年から研修会社にて、人財開発研修講師としてビジネスマナーやコーチング等の研修を担当。

◉——2012年からは株式会社Woomaxの人財育成コンサルタントとして「わかりやすく、スグ使える」をモットーに、ビジネスマナー研修、キャリアデザイン研修、リーダーシップ研修、コミュニケーション研修等、様々な研修プログラムを展開している。

編集協力——大部　美知子（おおぶ・みちこ）

ゼロから教《おし》えてビジネスマナー　〈検印廃止〉

2008年９月１日　第１刷発行
2024年３月12日　第24刷発行

著　者——松本　昌子©
発行者——齊藤　龍男
発行所——株式会社かんき出版
東京都千代田区麹町4-1-4西脇ビル　〒102-0083
電話　営業部：03(3262)8011㈹　総務部：03(3262)8015㈹
編集部：03(3262)8012㈹　教育事業部：03(3262)8014㈹
FAX：03(3234)4421
振替　00100-2-62304
http://www.kanki-pub.co.jp/

印刷所——大日本印刷株式会社

乱丁本・落丁本は小社にてお取り替えいたします。

ISBN978-4-7612-6540-3 C0030